モデルが
秘密に
したがる

体幹リセットダイエット
究極の部分やせ

2019ミス・インターナショナル
世界大会公式トレーナー
佐久間健一

サンマーク出版

1日たった4分で気になる部分がどんどん細くなる

10年前に初めて買ったダイエット本に「脂質を抑えて炭水化物中心に食べればやせる」と書いてありました。それを信じて3か月間、毎日夕食に白米を4合食べ続けたのですが、やせるどころか11キロも太りました。

いまも巷には多くのダイエット情報があふれていますが、**正しい情報を見極めないかぎり一向にやせず、かける時間も労力もムダになります。**極上の料理には試行錯誤をくり返してたどり着いた珠玉のレシピがあるように、美しい体づくりにも最適なプログラムがあるのです。

前著『モデルが秘密にしたがる体幹リセットダイエット』は１２０万もの方々が手に取ってくださり、おかげさまでダイエットのバイブルとまで呼ばれるようになりました。そこで本書では、気になるパーツを確実に細くすることをテーマにし

た「究極の部分やせ」を徹底的に解説いたします。

誰もが程度の差はあれ、下腹、ウエスト、ヒップ、脚など、どこかしらにコンプレックスを感じているのではないでしょうか。ひとりでも多くの方を、それぞれが抱える体形の悩みから解放したい。これが、私の願いです。

とにかくやせたい人ももっと体を絞りたい人も

究極の部分やせ

でまだまだ細くなる

本やブログ、セミナーで幅広い方々に情報発信するのと並行して、美を職業に活かす方々のお手伝いも続けています。

　これまでミス・インターナショナル、ミス・ワールド、ガールズアワードに出場するモデルを始め、ファッション誌専属モデルたちが所属するエージェンシー63社と契約し、ミリ単位でのサイズ調整を実現。その過程で数えきれないほどのモデルたちの体形を理想に近づけ、芸能人やアスリートのボディメイクも多数成功させてきました。

　その経験から見えてきたのは、多くの女性が本当に知りたいのは「確実に部分やせする方法」だということです。なぜなら、どのクライアントも体のどこかにコンプレックスを抱えていたから。

　全身が完璧なバランスで美しい人など、どこにもいません。太いパーツも細いパーツも人によってさまざまです。それを少しでも理想に近づけられたとき、人はより自信をもって生きられるようになる。「究極の部分やせ」で輝きを増した方々の笑顔を見るたびに、その思いは強まるばかりです。

　本書ではウエスト、下腹、太もも、ふくらはぎ、二の腕、ヒップ、背中の7パーツにフォーカスし、美しく引き締めつつ体脂肪をしっかり落としていく方法を紹介します。プログラムの所要時間は、1部位たった4分。こんなに短時間ですが、毎日続けるだけで、どんな人でも気になる部分が細くなるエクササイズを厳選しました。

体幹リセット
×
究極の部分やせ
が効く理由

『体幹リセットダイエット』では、よけいな筋肉や脂肪をつける体のクセをリセットして「モデル体幹筋」が勝手に働きだす5つのエクササイズを紹介しました。「モデル体幹筋」が働くようになると、まず全身が美しく引き締められます。そして使われる筋肉が増えていくにつれ、基礎代謝が上がって脂肪も落ちていくのが特長です。

　この体幹リセットで体についた「クセ」を補正してからのほうが「究極の部分やせ」の効果は圧倒的に出やすくなります。土台が整っているからこそ、最速で細くしたいパーツをしっかりと絞れるのです。これが、最小限の力で最大限の成果を得るやり方です。

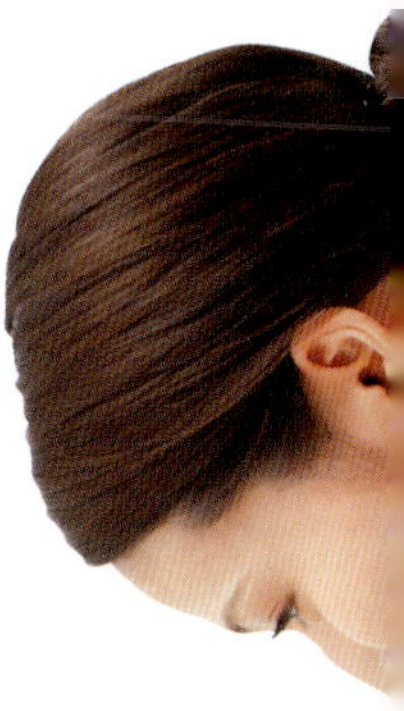

　もちろん『体幹リセットダイエット』をしていない人でも、効果は充分に得られます。くわしい取り組み方は1章でご紹介するので、参考にしていただければ幸いです。

　一般的なダイエットをすると体脂肪は全身均等に落ちていきます。すると**「体重は減っても体形が……」となりがちですが、そこから一歩進んで狙ったパーツをきれいに細くできるのが「究極の部分やせ」です。**部分やせの成功に最適な4つの段階を、ひとつずつクリアしていくことで確実に体形を変えます。しかも筋肉についたクセをリセットし細くなった状態が定着するから、リバウンドもしない。これが、究極たるゆえんです。

ナイズダウンエクササイズ」に挑戦！

case 1
Aさん
30代

身長：150cm
体重：40kg

1分後
After

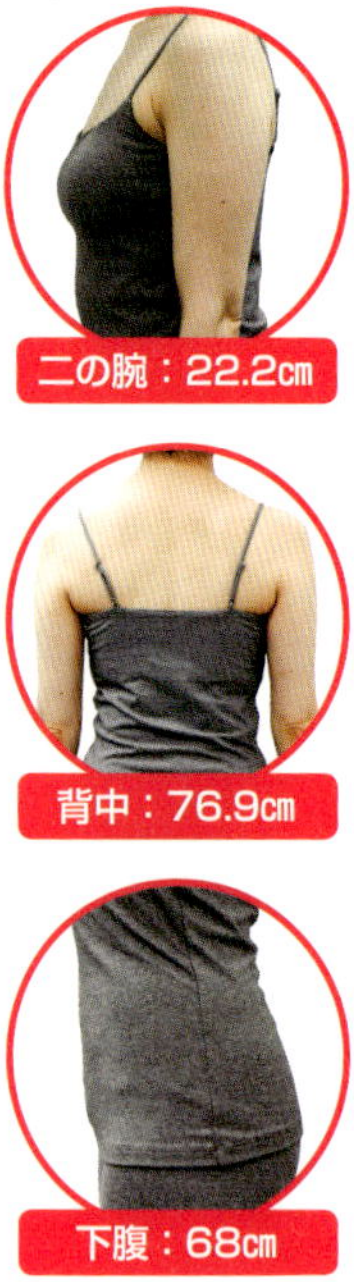

Before

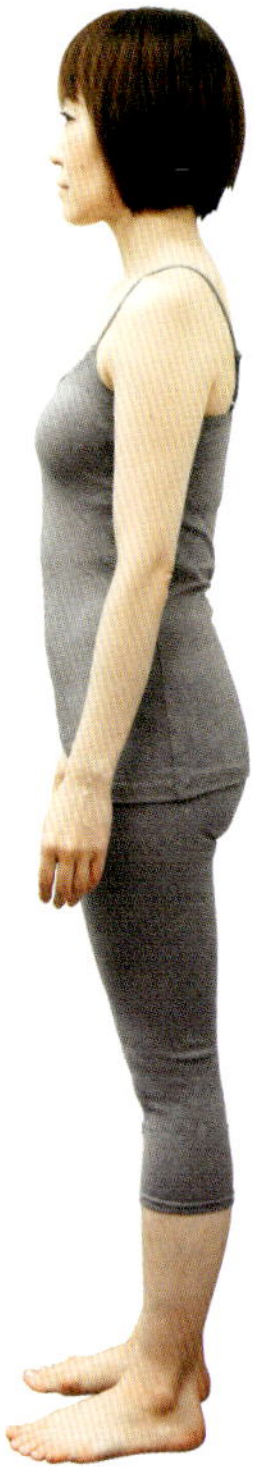

二の腕
-0.8cm

背中
-1.1cm

下腹
-4cm

24時間後

	二の腕	背中	下腹
	22.2cm	77cm	70cm
	-0.8cm	-1cm	-2cm

佐久間's コメント

下腹がすぐにサイズダウンした理由は、ズレていた骨盤と肩甲骨の位置を正すことで姿勢のクセをリセットし、下がりぎみだった内臓を正しい位置に戻せたからです。下腹の戻りが少し早かったのは、お腹の筋肉量が少なかったから。もとの筋肉量が多い部分ほど、形状記憶効果は長続きします。

一瞬でここまで細くなる「瞬間

case 2

Mさん
20代

身長：158cm
体重：51.6kg

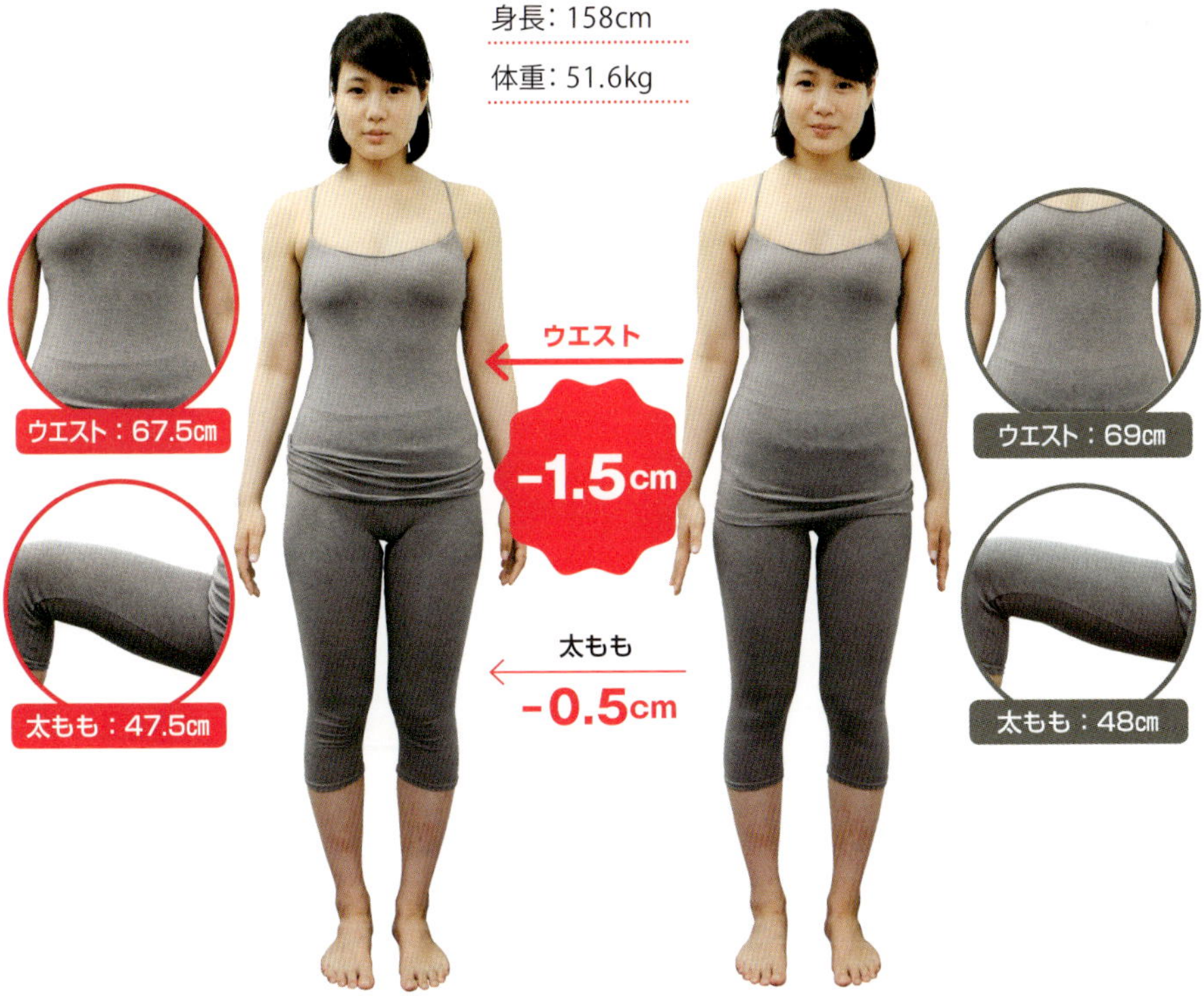

24時間後

ウエスト	太もも
70cm	47.5cm
+1 cm	-0.5 cm

佐久間's コメント

背中が丸まっていたので、体幹を伸ばすだけでウエストを瞬時にサイズダウンできました。ただウエストの位置には胃があるので、とった食事や水分の量が強く影響します。24時間後にサイズアップしたのは、そのためでしょう。「究極の部分やせ」に取り組めば、必ず細さをキープできるようになります。

の部分やせエクササイズ」に挑戦！

case 3

Mさん
40代

身長：158cm

3か月実践
After

Before

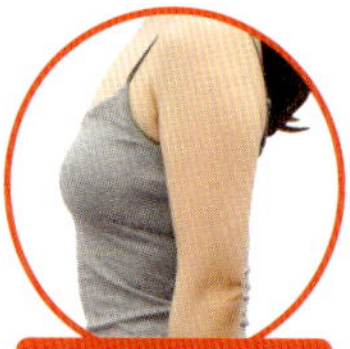

二の腕：25.5㎝

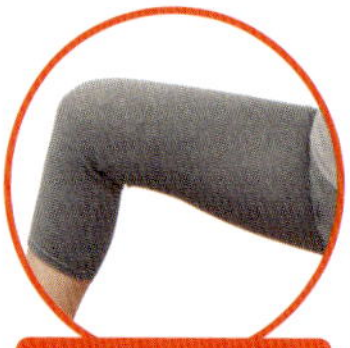

太もも：44.5㎝

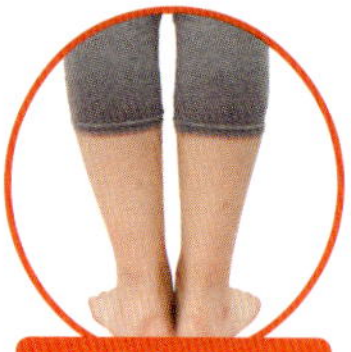

ふくらはぎ：32.5㎝

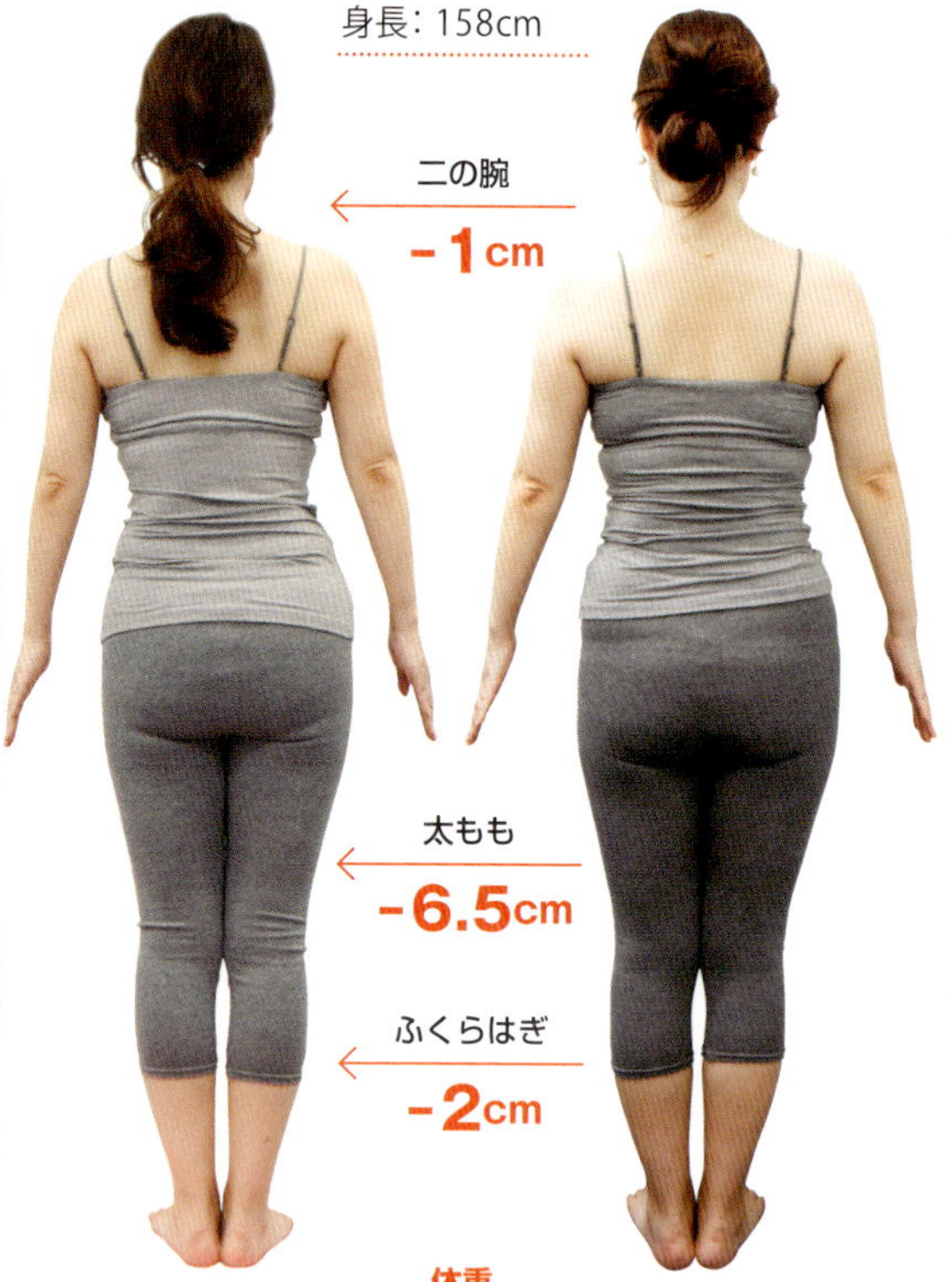

二の腕
-1cm

太もも
-6.5cm

ふくらはぎ
-2cm

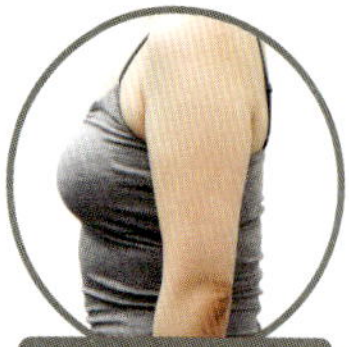

二の腕：26.5㎝

太もも：51㎝

ふくらはぎ：34.5㎝

体重

体重：
50.3kg

-4kg

体重：
54.3kg

佐久間's コメント

体重がここまで減ったのは、日常生活で使われる筋肉がグンと増えて関節もよく動くようになり、消費エネルギーが跳ね上がったからでしょう。もともと持っていた筋肉が、エクササイズ効果でめざめたのです。さらに、これまで使われていなかった筋肉を使えるようになったことも大きいと思います。

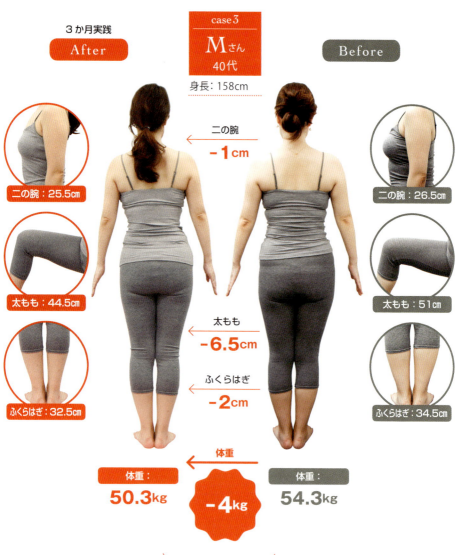

続けたらどんどんやせる「究極

case4

Rさん
30代

身長：170cm

3か月実践

After

Before

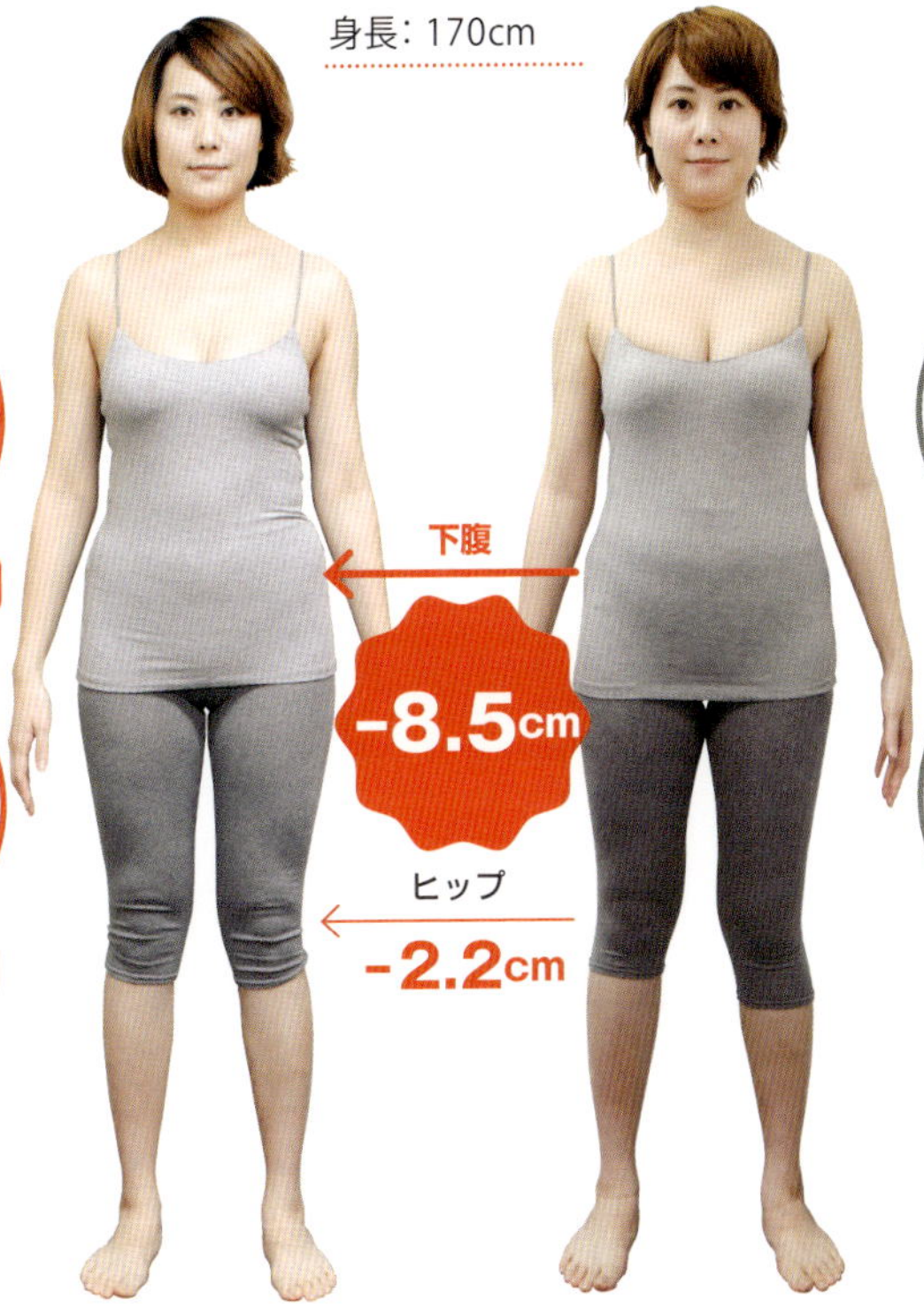

下腹：78.5cm

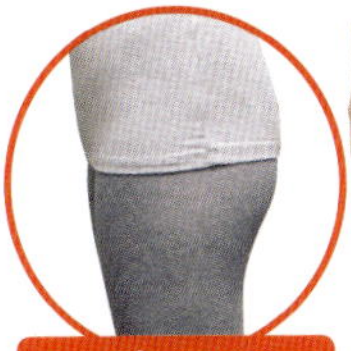

ヒップ：94.8cm

下腹

-8.5cm

ヒップ

-2.2cm

体重

体重：**58.4kg**

-1.8kg

体重：**60.2kg**

佐久間's コメント

腰が反りぎみで胃の位置も下がっていましたが、エクササイズをすることで骨盤の位置が整ったためサイズダウンできました。ちなみに1.8kgやせるには12,960kcal消費する必要があります。1日数分のエクササイズでそれができる体になるのは「究極の部分やせ」ならではでしょう。

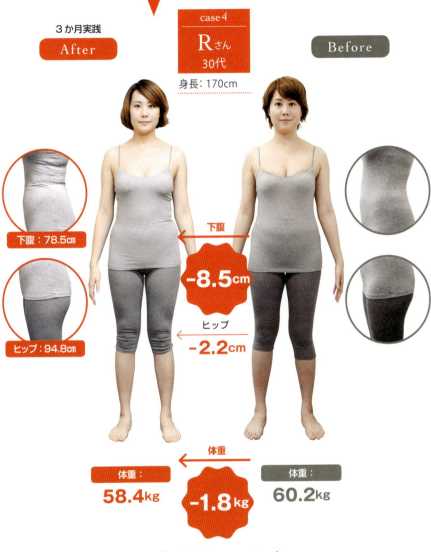

体幹リセットダイエット
究極の部分やせ

CONTENTS

chapter 3 究極の脚やせエクササイズ

太もも・ふくらはぎ
洋服で隠すのも
もう限界……

chapter 4

究極の二の腕・ヒップ・背中やせエクササイズ

あきらめていた
パーツも
スルスル細くなる

STAFF

装丁 ■ 鈴木大輔+江﨑輝海(ソウルデザイン)
本文デザイン ■ 花平和子(久米事務所)
イラスト ■ もと潤子
編集・執筆協力 ■ 赤根千鶴子
DTP ■ 天龍社(髙本和希)
校正 ■ 鷗来堂
本文撮影 ■ 臼田洋一郎
写真協力 ■ 123RF
モデル ■ 横出寧々
■ 大塚まゆか(BRUTUS)
ヘアメイク ■ 竹内美紀代
編集 ■ 小元慎吾(サンマーク出版)
■ 蓮見美帆(サンマーク出版)

究極の部分やせエクササイズのやり方

細くしたいパーツのエクササイズを順番通りに行うだけで、
気になる部位の形をきれいにしながらよけいな脂肪をしっかり燃やせます

Standby

エクササイズを始める前の準備姿勢

Point

ここを意識するとうまくいくというコツを紹介

5回 行う / 反対側も 同様に

エクササイズの回数や時間

Easy

メインのエクササイズを試してみてつらかった人は無理をせず、こちらで体を慣らそう

Hard

もの足りなく感じた人は、こちらの動きで負荷を上げてみよう

OK

エクササイズの効果を最大限に得るための、姿勢やポーズのポイント

NG

効果が正しく得られなかったり体を痛めたりするのを防ぐためのポイント

Zoom **Front** **Side** **Top**

動きを別の角度や距離から見たときの状態。正しく動けているか不安なときにチェックしてみよう

そのほかの注意

＊慢性的な痛みを抱えている方、けがをされている方、妊娠中の方は医師と相談のうえ無理のない範囲で行ってください。どの運動も呼吸を止めて行うと血圧が上がるなどする場合があります。エクササイズ中は自然に呼吸しましょう

気になるパーツをとことん絞る

chapter 1

究極の部分やせの秘密

「あり得ないはずの場所」に脂肪はたっぷり蓄えられていた……

ふと鏡を見ると太い部分に目がいく。「下腹がどんどん育っていく……」「上半身は普通なのに、ふくらはぎが太い」「ノースリーブがこわい」。こうした悩みが日々、多くの女性から寄せられます。ついてほしくないところほど何をしても落ちない脂肪がついてしまうのは、いったいなぜでしょうか。

ダイエットの敵となる脂肪は、一般に指でつまめる「皮下脂肪」と内臓のまわりにつく「内臓脂肪」に分けられます。この誰もが知っている2つ以外に、じつは第3の存在が。それが「異所性脂肪」。この名がついたのは、本来たまるはずのない部位につくからで、脂肪は筋肉のなかにまでたまってしまうのです。

皮下脂肪はたとえるなら、ロース肉についている白い脂身。対して異所性脂肪は霜降り肉にこまかく入り込んだ脂。この異所性脂肪は動きの少ない筋肉ほどつきやすく、下腹や二の腕のつけ根などは、その最たる部位です。ただ異所性脂肪は、優先的に消費される脂肪でもあります。ロース肉の脂身は焼いても形が残りますが、霜降り肉の脂はすぐに溶けますよね。それと同じように、異所性脂肪は「燃やしやすい脂肪」といえるのです。

気になる部分を短期間で効率よく引き締めるには、筋肉にたまった脂肪を使うのがベスト。体の使い方を正していけば、異所性脂肪はどんどん燃えるようになります。

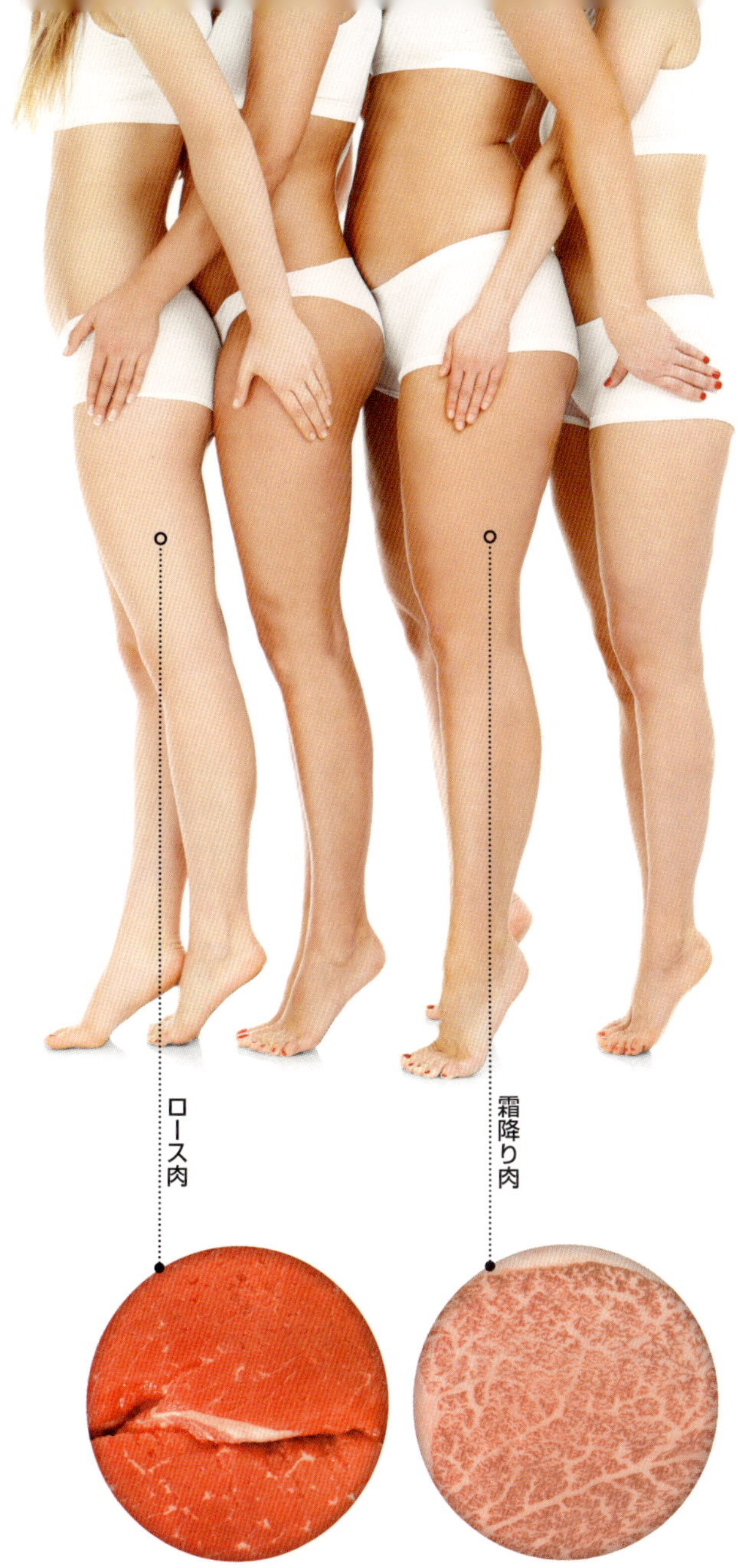

同じ脂肪でも種類によってつき方もつく場所も違う。
筋肉にも脂肪はつくので
「筋肉だから大丈夫」といった油断は禁物

お悩みパーツがたちまちきれいに細くなる秘密とは？

部分やせしたくなるような部位ほど、日常生活でうまく動いていません。それが積み重なることで、筋肉が部分的に硬くなったり弱くなったりして、いびつな形に。「部分やせを始めたけれど、細くなるどころか逆に太くなってしまった……」という方の体を見ると、たいてい筋肉がいびつな形のまま運動しています。女性の筋トレブームもあるのでしょうか、こういうクライアントはすごい勢いで増えました。

「究極の部分やせ」は、気になる部位をつくったクセをリセットすることから始めます。細くしたい部位の筋肉全体をよく動く状態に復活させることで、日常生活を送るだけでどんどん細くなるという流れをつくるのです。筋肉が大きく動くといびつな形がリセットされ、しかも異所性脂肪も優先的に消費されていくから、きれいに細くなります。さらによく動くようになった部分には脂肪がつきにくくなるのです。

▼ 筋肉を復活させるから
部分やせ効果は絶大!

これは、私のボディメイクスタジオ「CharmBody」でモデルたちが行っているエクササイズとほぼ同じ構成です。門外不出のメソッドですが、ひとりでも多くの方に実践していただければと思い、本書で公開することにしました。本来、長年かけてついた体のクセをとるのは、知識と経験の豊富なパーソナルトレーナーがいてこそできること。これからご紹介する４つのステップは、その常識を打ち破るメソッドです。

筋肉がしっかり伸びて

形がきれいになる

×

可動域が上がって

脂肪がつきにくくなる

Step 1

ガチガチの筋肉を伸ばす ほぐしストレッチ

気になる部位を細くするなら、まず縮んでこり固まった筋肉を「伸ばして」「ほぐす」ことが必要です。**ウエストを細くしたいなら、肋骨の位置を上げてお腹を「伸ばす」べき。**なぜならウエストに悩む人の多くは、お腹の筋肉が縮んでいるからです。この状態のまま、どんなエクササイズをしても細くなりようがありません。それどころか、がんばりすぎて太くなるおそれがあります。

そこで必要なのが「ほぐしストレッチ」です。

まず縮んでガチガチに固まっていた関節や筋肉を伸ばしていきます。関節がよく動き、筋肉がほぐれて初めて、縮んで固まっていた状態がリセットされるのです。これが部分やせする下地ができたサイン。ほぐしストレッチは言うなれば、これから大きな成果を上げる前の地ならし的なステップです。

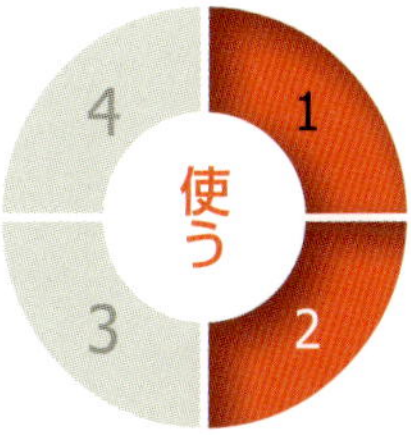

Step 2

弱った筋肉を復活させる めざましエクササイズ

次は気になる部位の筋肉を大きく動かして「使える」ようにします。たとえば猫背の人の多くは、背中の筋肉がほとんど動かず眠ったような状態です。この姿勢だと上半身の重みを骨で支えられないため、太もも下部やふくらはぎにつねによけいな負荷がかかり続けます。運動したわけではないのに太ももやふくらはぎが疲れてだるいという方は、この姿勢になっている疑いあり。立っているときも歩くときも体にとって不自然な強い負荷がかかり続けるわけですから、当然ゴツく太くなっていきます。そこで行いたいのが、このエクササイズです。

「使う」ステップを飛ばすと筋肉の可動域は中途半端なままなので、筋肉はいびつな形のまま。もちろん動きも小さいから脂肪も燃えません。だから体形は変わらないのです。

縮んだ筋肉を伸ばし、めざめさせて初めて、最速で確実に部分やせする準備が整います。

鍛える

Step 3

効率よく形を整える ネガトレ

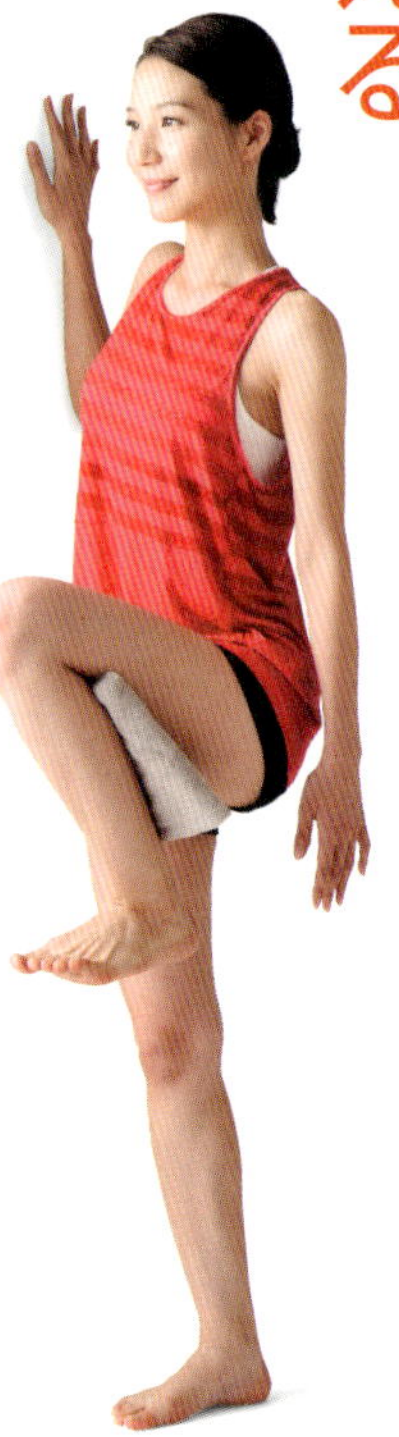

ここまでお話ししてきたように、長年かけて変形し脂肪がたまった筋肉は、ほぐして、めざめさせて、初めて形を整えられるようになります。①と②のステップで筋肉の可動域は一時的に回復したので、ここから効率よく筋肉の形を整えるには、日常生活より少しだけキツいことをするのがいちばんです。そんなときにピッタリな、軽めの負荷でも筋肉の脂肪燃焼効率を上げる効果バツグンのエクササイズに挑戦してみましょう。

筋肉を伸ばしながら、じっくり負荷をかけていく方法を「ネガティブトレーニング（ネガトレ）」と言います。筋トレというと、腹筋運動のように筋肉を縮める動きを思い浮かべがちですが、**じつは負荷をかけながらゆっくり伸ばしていくネガトレのほうが1・2倍の効果が得られます。**伸ばす動きで柔軟性も高まるので、部分やせにもピッタリです。もちろん、どの部位の種目もムキムキになるほどの負荷ではないので、ご安心ください。

Step 4

筋肉を理想の形に定着させる
形状記憶エクササイズ

ここまでのエクササイズで気になる部位の脂肪は燃えやすく、しかもつきにくい状態になっています。そこで必要となるのは、この状態を「定着」させるエクササイズです。

せっかくガチガチに固まっていた関節や筋肉がほぐれ、やせるために必要な筋肉がめざめたところです。その場かぎりで効果が消えないように「これからも、こういうふうに動くんだよ」と体に記憶させましょう。**「鉄は熱いうちに打て」というように、筋肉もよく動くうちに「形状記憶」させるのがベストです。**最後にこれを行うと、めざめた筋肉を普段の姿勢や動きのなかできちんと使えるようになります。この仕上げをきちんと行うことで、筋肉の形が整うだけでなく脂肪がどんどん燃える状態に。4つのエクササイズをくり返すたびに「やせやすい体」へと生まれ変わっていくのです。

たった1分で細くなる！瞬間サイズダウンエクササイズとは

悲しいことに、細くしたい部分ほど筋肉がいびつな形について太くなりがちです。たとえば筋肉が縮んで半分の長さになると、そのぶん横にドンと広がって太くなります。反対に伸ばせば、引っ張られるぶん幅はキューッと細くなる。本書で紹介する「瞬間サイズダウンエクササイズ」には、筋肉を効率よく伸ばすことで縮んだ部分を瞬時にサイズダウンさせるという、すごい効果があります。

「伸ばすならストレッチと何が違うのか」と思う方もいるでしょうが、ストレッチの持続効果は約90分。このエクササイズは自分の筋力を使って負荷をかけ、筋肉を伸ばしていく「筋トレ」なので、**朝から晩まで効果が持続します**。

一日程度でだいたい元に戻るものの、すぐ細くしたいときはもちろん、部分やせのモチベーションを高めたいときにも活用できるのが、この瞬間サイズダウンエクササイズです。

各パーツのエクササイズを始める前に試すと「苦もなくここまで細くなれる」ことがわかるからやる気が湧く、とおっしゃる方は大勢いました。ただ動作に慣れるにつれ伸びが悪くなり、瞬間やせの効果はだんだん薄れていきます。

瞬間サイズダウンエクササイズの効果をより高めたい人は、先に体幹リセットエクササイズを試すのが効果的です。体幹がリセットされると全身の可動域が広がるため、筋肉の伸びが大きくなってサイズダウンもしやすくなるからです。

▼筋肉を伸ばして負荷をかけるから細さが定着する

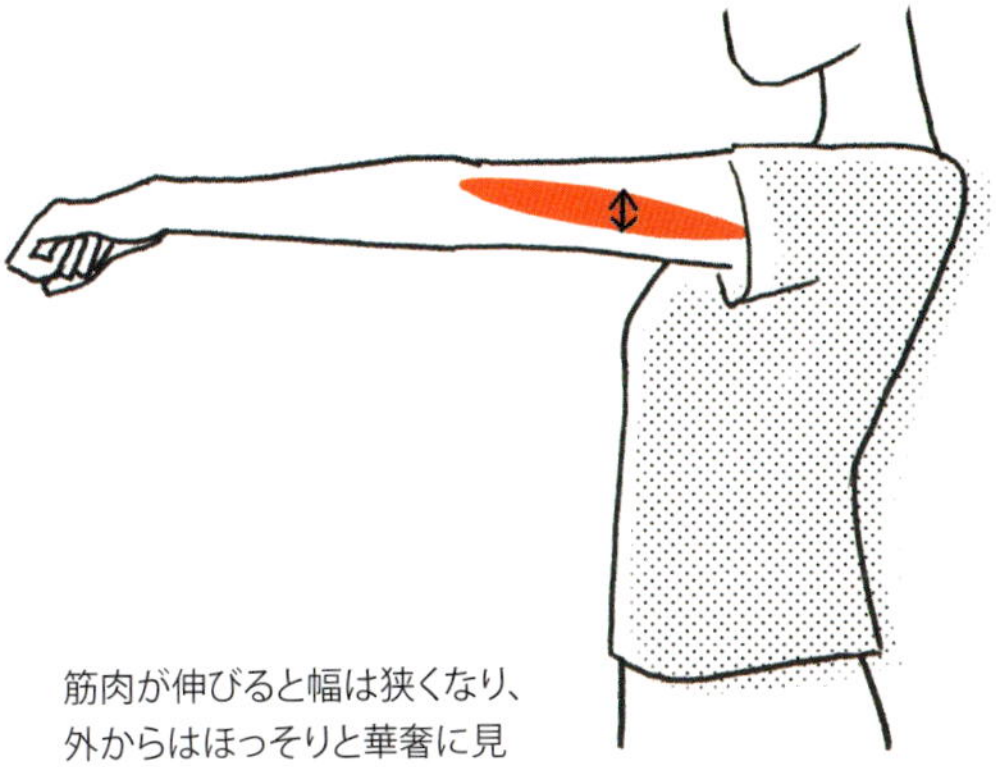

筋肉が伸びると幅は狭くなり、外からはほっそりと華奢に見える。反対に筋肉が縮むと幅が広くなり、外からはゴツく張り出したように見える

「瞬間サイズダウンエクササイズ」の持続時間は、個人差があります。また、パーツによっても持続時間は異なります

何歳からでも、やせ効果を実感できる！

筋肉は、お腹や背中、脚のつけ根、太ももといった姿勢を保つときに働く筋肉から衰える、というデータがあります。これは体に、どんなことを起こすのでしょうか。まず、筋肉で引き上げられていた皮下脂肪が下がってきます。じつは歳をとると二の腕などが急にブルンと太くなったりするのは、このせいなのです。

姿勢を保つときに働く筋肉が衰えて姿勢が崩れると、体を大きく動かせないようになっていきます。すると関節の動きが悪くなり、筋肉の曲げ伸ばしが減るため脂肪がつきやすい状態に。さらに筋肉のなかには「異所性脂肪」もたまりやすくなります。

「究極の部分やせ」は、姿勢を保つときに働く筋肉にもアプローチしていくので、何歳でも効果を得られるプログラムです。弱った筋肉を復活させて関節の可動域を取り戻せば、脂肪もどんどん燃え始めます。だから、各パーツを美しく形づくることができるのです。

「もう年齢も年齢だから、何をやっても体は細くならないかも」などと、あきらめてしまうとしたら本当にもったいない。年齢などまったく関係ありません。**『モデルが秘密にしたがる体幹リセットダイエット』には、なんと90歳の方からもおたよりが。**「64歳で8キロ減った」「68歳でウエストにくびれができて腕のお肉も落ちた」といううれしい声も多数届きました。80歳からでも90歳からでも、どんな人でも実践すれば必ず効果を体感できます。

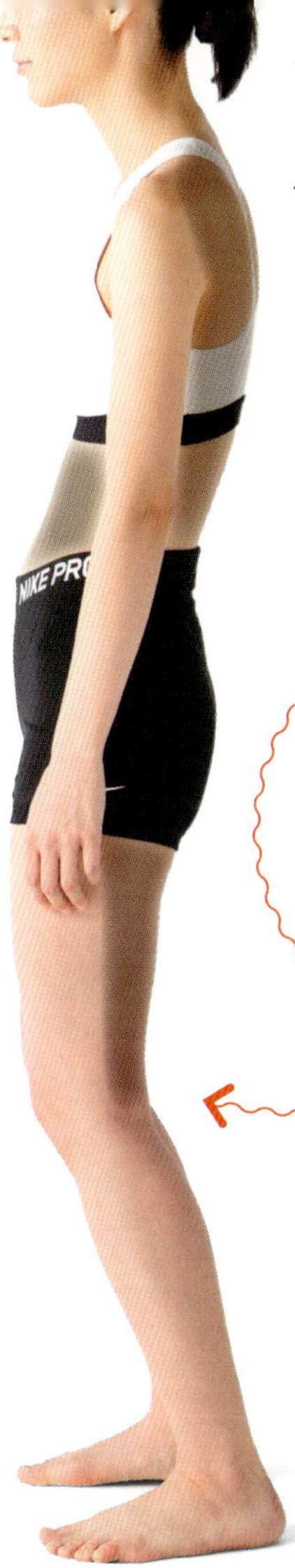

◀年々衰える、姿勢を保つための筋肉に効くからやせる

姿勢を保つために使われる筋肉が落ちると背中が丸まり、ひざやひじの関節も曲がった状態に。このように関節の動きが制限された部分ほど脂肪が蓄積されやすい

姿勢を保つための筋肉…背すじをまっすぐ伸ばし姿勢を保つときに使う筋肉。落ちるスピードがもっとも速い「羽状筋」という種類の筋肉で、使わなければどんどん落ちていく

モデル体幹筋…トップモデルが日常生活で使う「お腹と背中と肩甲骨まわりの筋肉（腹横筋、僧帽筋）」「吸気筋（胸鎖乳突筋、斜角筋、外肋間筋、横隔膜）」「ヒップから太ももの筋肉（大臀筋、中臀筋、内転筋）」を本書ではまとめてこう呼ぶ。ここが使えると骨盤を垂直に保てるため背すじが伸び、各パーツが引き締まる効果が

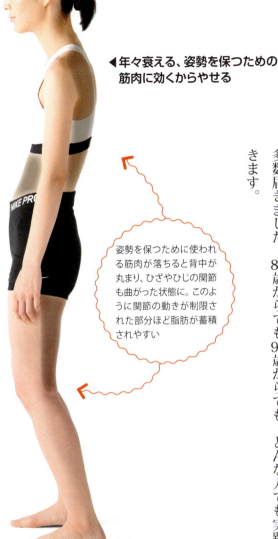

部分やせを成功させる！エクササイズの基本ルール

「太ももだけ細くしたい」「ウエストだけ○センチ細くしたい」など、どこをどうしたいか決めている方は、すぐに「究極の部分やせ」を始めましょう。ただ体幹リセットを終えていないとしたら、目標達成にかかる時間は増します。体幹の状態は全身のパーツに影響するからです。

体幹リセットできた状態で「究極の部分やせ」に取り組むと、姿勢や骨盤の傾きが勝手にガンガン整って全身の筋肉もバランスよく使われるようになるため、1か月あれば確実に成果を上げられます。

体幹リセットが済んでいないけれど「超特急でとにかく細くしたい」なら、急がば回れ。まずは2週間、体幹リセットを続けるのが最速で体を変える唯一の方法です。次の週から体幹リセットエクササイズの回数を減らして、空いた日に「究極の部分やせ」をすればトータル2か月で体は変わります。

「究極の部分やせ」は、まずもっとも気になるパーツから始めましょう。先に行ったエクササイズほど効果が出やすいからです。下腹に悩んでいるなら、まず下腹エクササイズから。ほかに気になるパーツがあれば、その後で取り入れましょう。そしてエクササイズは順番通り「ほぐしストレッチ」から始めるのがいちばん効果的です。

「究極の部分やせエクササイズ」の取り組み方

細くしたいパーツや目標が定まっている方

▼

「究極の部分やせエクササイズ」だけに取り組みましょう。
目標達成の目安は2～3か月。

体幹リセットダイエットが済んでいる方

▼

いきなり「究極の部分やせエクササイズ」に取り組んでOK。
1か月で体の変化を実感できるでしょう。

急いでやせたいけれど体幹リセットダイエット未経験の方

▼

まずは
「体幹リセットダイエット」だけを2週間。
3週目から「究極の部分やせ」に
週4回取り組みましょう。

やせ型の人でも「異所性脂肪」がたっぷりということも

パッと見たときの印象はスリムでも、じつは異所性脂肪がたっぷりついているという方は大勢います。

特に注意が必要なのは、運動習慣のない方。このタイプの方は見た目は細くても、やせ細った筋肉内に異所性脂肪をごっそりため込んでいることが多いからです。食生活が乱れ、お菓子などをたっぷり食べているとしたら脂肪蓄積量はさらに増加します。これが「隠れ肥満」です。

心当たりがあるという人も、ご安心ください。異所性脂肪は３つの脂肪のなかでいちばん落ちやすいので、究極の部分やせを始めさえすれば結果はすぐに出ます。１日４分のエクササイズで気になる部分の脂肪を燃やし、美しく健康な体へとシフトしましょう。毎日のほんの少しの気遣いが、体には大きな差となって現れるのです。

まず真っ先に
なんとかしたい
下腹とウエスト！

chapter 2

究極のお腹やせエクササイズ

ウエスト瞬間サイズダウン

両手を頭の下にして腰を反らせると、肩甲骨がしっかり下がります。
その状態で呼吸をすることで、
お腹がへこんだ状態をウエストに形状記憶させられるのです。
ウエスト引き締め効果の高いエクササイズです。

1 ひざを曲げて仰向けになる

タオルを四つ折りにして腰の下に敷き、両手は頭の下にして仰向けになる。足は腰幅に開き、ひざは曲げる

2 タオルに触れないように腰を反らせる

腰がタオルに触れないように反らせる

3 呼吸しながらお腹をへこませる

2の姿勢のままお腹を計20秒へこませ続ける。
最初の10秒で息を吐いて一瞬息を吸い、
また10秒息を吐いて一瞬息を吸う

3回 行う

息を吸うときも吐くときも、お腹をへこませるように

「体幹を引き伸ばす」だけでウエストはキュッと細くなる

ウエストを細くするためにまずすべきは、体幹の筋肉を「伸ばす」こと。お腹が縮むだけでウエストは太くなるのです。そのしくみをご説明しましょう。

美しい姿勢を保つために働く筋肉は、悲しいかな年齢とともに衰えます。これが「骨盤後傾」「猫背」「巻き肩」という悪い姿勢を呼び、お腹の筋肉は縮みっぱなしに。上下から押しつぶされたウエストは太くなり、動きにくくなって脂肪をため込みます。体を横に倒したり後ろにねじったり、振り返ったりする動作がしにくくなっていたら要注意です。

これを解消してくびれを手に入れるために、体幹を伸ばすのです。ウエストやせエクササイズの初めの2種目は、仰向けになり背すじを伸ばしたまま行います。そうすることで、お腹の筋肉がよく伸びるだけでなく、肩や股関節まで動きをよくする一石二鳥の効果が。

3つめは背骨全体を柔軟に動かしウエストにくびれをつくるエクササイズです。これも体幹を伸ばした状態でひねるので刺激がしっかり入ります。最後に体幹の筋肉が伸びた状態を体に記憶させ、姿勢を定着させたら4分間のエクササイズは終了。回数を重ねるごとに全身が軽やかに動くようになり、爽快感を味わえます。しかもウエストは確実に引き締まっていくのです。これは高齢の方にも効果絶大なので、ぜひ挑戦してみてください。

▼腹筋を縮めると脂肪がたまりやすくなる

体幹の筋肉が引き伸ばされると、ウエストに脂肪がたまりにくくなります。さらにウエスト周辺を大きく動かせるようになるので、脂肪が燃えるだけでなくつきにくくなるという、うれしい効果も!

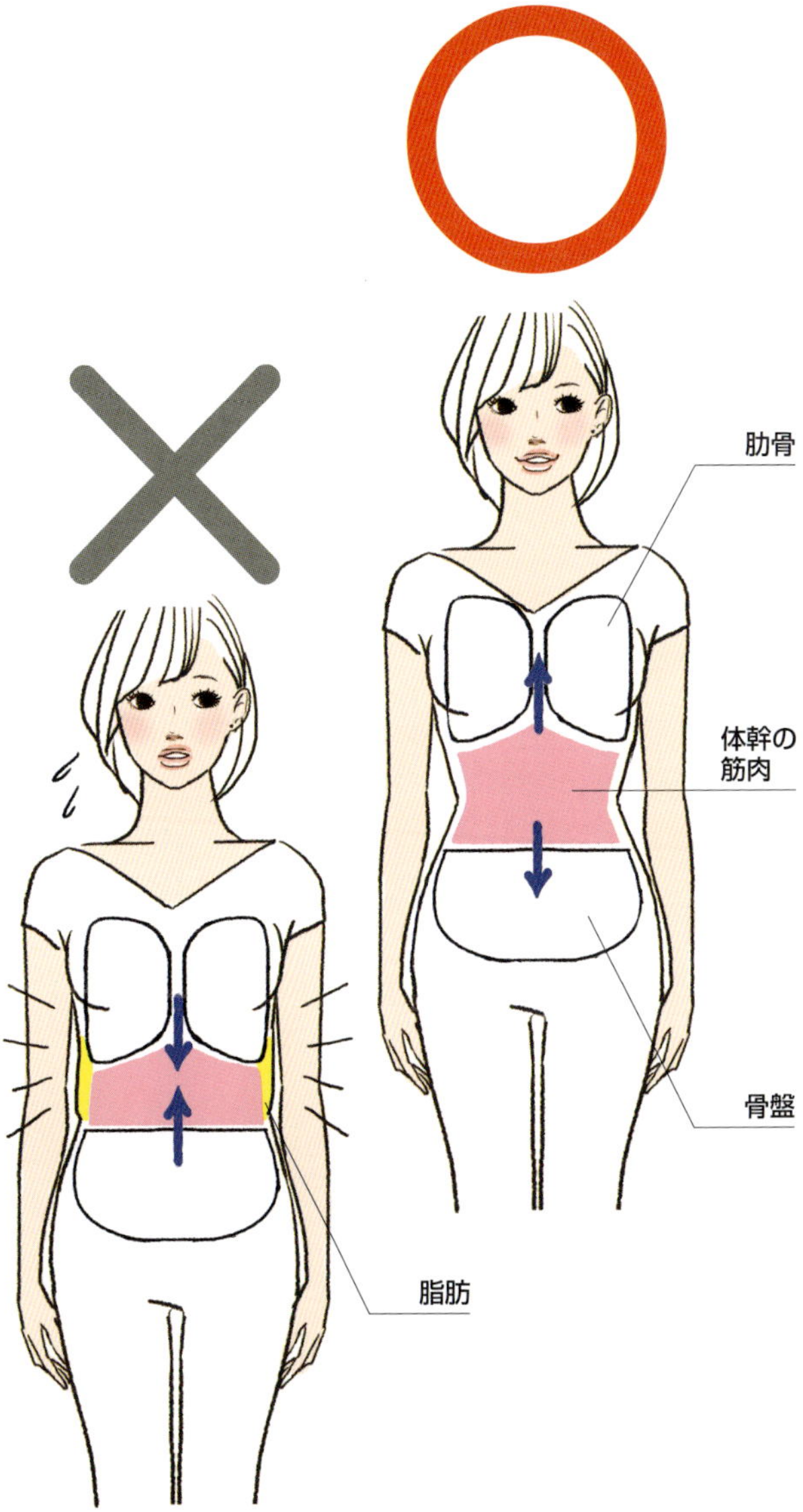

ウエストやせ

エクササイズ ▶ 1

ウエストを伸ばす動作で、硬くなった筋肉をほぐすエクササイズです。
このエクササイズは、いわばウエストやせの準備体操。
体幹の筋肉をほぐしておくことで、
ウエストやせエクササイズ②〜④の効果が充分に発揮されます。

Standby 仰向けになり、両手を頭の下に

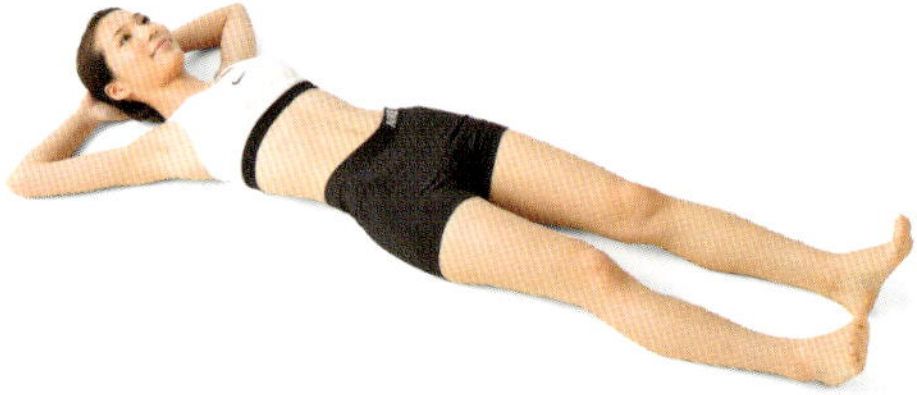

1 ひざを直角に曲げながら上げる

つま先を上げ、片ひざを直角に曲げながら上げる

2 上げた脚を内側に倒す

肩やひじが床から離れないように、3秒かけて上げた脚を内側に倒し、3秒キープ。最初は床に脚をつけようとせず、徐々に動きを大きくしていく

5回行う

反対側も同様に

Point

ウエストやせ

エクササイズ ▶ 2

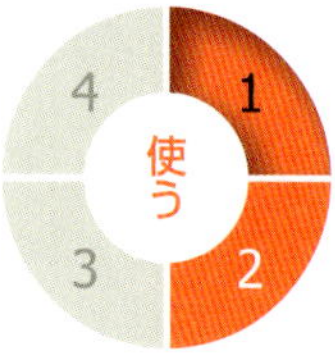

股関節と肩関節がほぐれていないと体幹をしっかり伸ばせず、ウエストは引き締められません。この動作をすることで、お腹が伸びた状態のまま、股関節と肩の可動域を広げられます。

Standby 腕は真横に伸ばして仰向けになる。脚はそろえ、ひざを曲げる

1 ひじを直角に曲げる

両ひじを直角に曲げ、手の甲側を床につける

2 両脚を横に倒す。倒した側の腕は手のひらを床につける

脚をそろえたまま、3秒かけて横に倒す。
倒した側の腕は、手のひらを床につける

3 反対側も同様に

**2〜3を
10回
行う**

ウエストやせ

エクササイズ ▶ 3

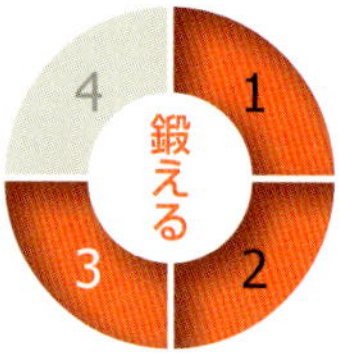

**ウエストが伸びた状態で力が入ると、体幹の筋肉が使われます。
ヒップに力を入れて、しっかり腰を前に押し出しましょう。
ウエストやせに必要ないくつかの筋肉を同時に鍛えられます。**

1 ひざ立ちになり、胸の前で腕をクロス

足を腰幅に開いてひざ立ちになり、
腕は胸の前でクロスさせて、
ヒップには、しっかりと
力を入れる

足首を曲げる

NG

ひじを上げすぎる…
腰の反りが強くなって
負担になる

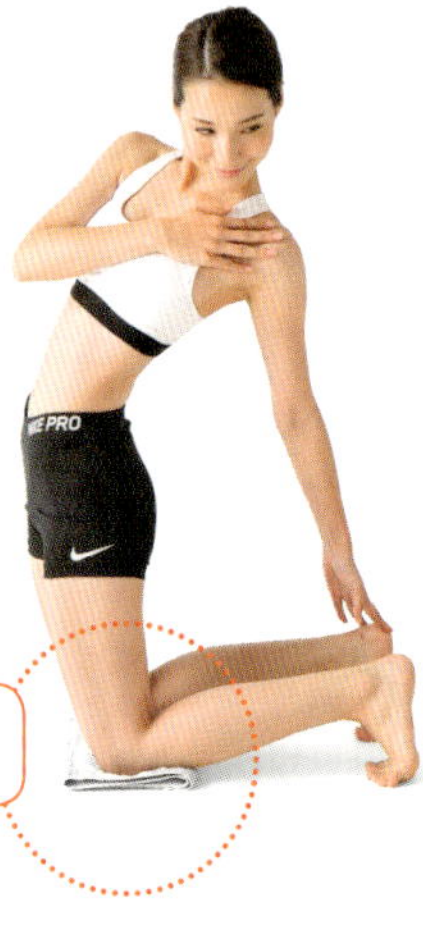

ひざが
痛む人は…

下にタオルを
敷いてもOK

2 体をひねり、片手で反対側の足をタッチ

3秒かけて体を水平にひねる。ひねった側の手で反対側の足をタッチして3秒キープ。顔は後ろを振り返るように。もう一方の腕は1の状態をキープ

5回行う

反対側も同様に

NG

ヒップに力が入らないと
体幹は伸びず、
ひざにも負担がかかる

ウエストやせ

エクササイズ ▶ 4

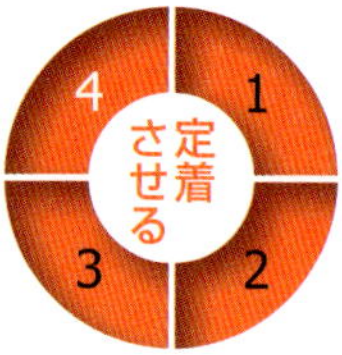

体幹を上下に伸ばすだけでなく、
ななめに伸び縮みさせる動きも取り入れたエクササイズ。
体幹の筋肉がフル稼働し、
全身にウエストやせ姿勢を記憶させられます。

Standby

壁を横にして立ち
手を壁につく

1 もう一方の腕をななめ上に伸ばす

もう一方の手をグーにして
腕をななめ上に伸ばす

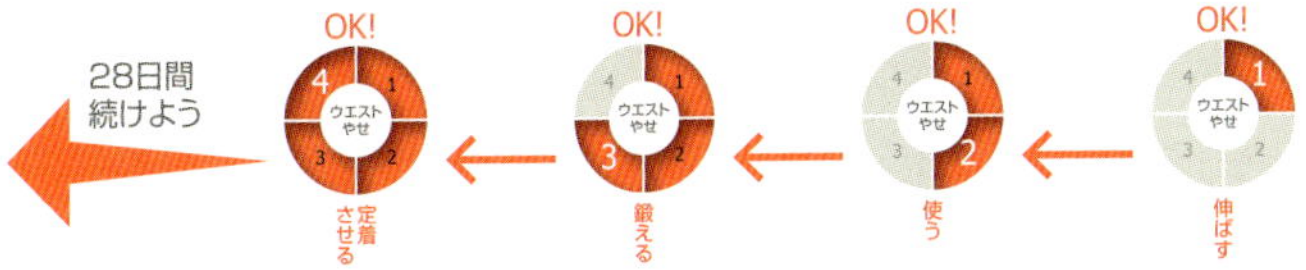

2

上げたほうの腕と反対側のひざをくっつける

1 で上げたほうのひじと反対側のひざを
3秒かけておへその前あたりでくっつける。
背すじは丸めてかまわない

10回行う

反対側も同様に

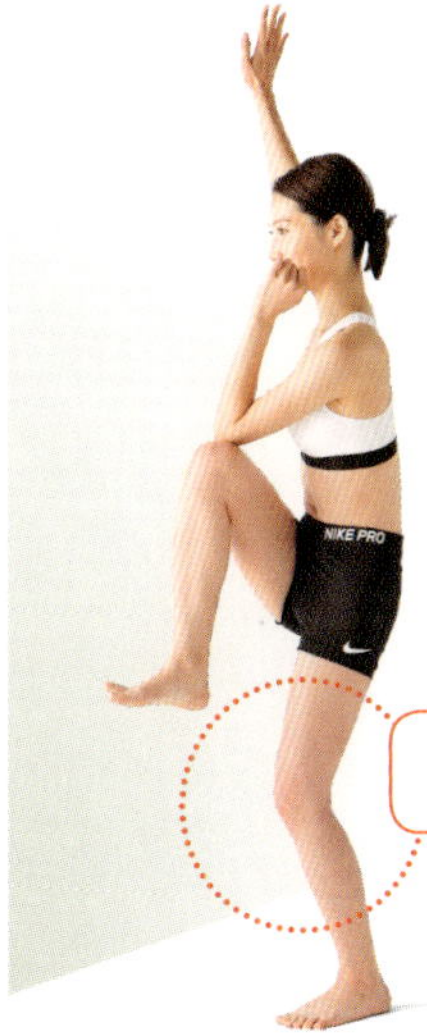

Easy

壁についた腕や軸足のひざを
曲げるとラクにできる。
ひざを少しでも曲げると、
股関節の可動域が 2 倍に

Q どうしたら、きれいなくびれができる？

A

くびれをつくる条件をひとつだけ挙げるなら「肩甲骨・背骨・股関節を大きく動かす」でしょう。

この3か所をまったく動かせない人でも簡単にくびれができるようになるのが、ウエストやせエクササイズと体幹リセットエクササイズです。どちらもスタイル改善に非常に効果的で、モデルが目指す、へそ上2センチが最も細い「きれいなくびれ」ができます。多くの女性は腰まわりが太くなって高い位置でくびれているため、パッと見の印象が劇的に変わることは間違いありません。お腹を伸ばすことが効果を生むので、縮めるような運動をすると効果は相殺されてしまいます。できるだけ避けてください。

ちなみに骨盤が前傾した人はくびれをつくりやすいのですが、じつは腰まわりの脂肪が落ちにくい傾向が。その場合は太ももやせエクササイズにも取り組むと、全身のバランスが整います。

Q あばらが浮いてしまった……

A

こうなりがちなのは、反り腰の人です。股関節が硬いぶん腰に負担がかかっていて、肋骨まわりの柔軟性が過度にあると起きます。よく動く肋骨まわりの脂肪が落ちて肋骨が前に押し出されるので、あばらが浮いてくるわけです。

あばらが浮きがちな人にも、ウエストやせエクササイズは有効です。「もしかしたら腰が反って痛くなるのでは……」と思う方がいるかもしれませんが、心配はいりません。このエクササイズで動くのは腰ではないからです。脚のつけ根と肩甲骨下部の筋力を使って骨盤を前傾させるため、肋骨の動きは出なくなり、あばら骨も目立ちにくくなります。

骨盤前傾で腰が反っている人は、腰ががっちり硬くなっていますが、その反面、お腹の筋肉にはまったく力が入っていないのでお腹はポヨンとしがちです。このエクササイズをすれば、ゆるんだお腹もピッと引き締まって、きれいなウエストをつくれます。

下腹瞬間サイズダウン

普段、下腹はほとんど伸び縮みすることがありません。
このエクササイズでは、
下腹やせの要となる大腰筋を伸ばしていきます。
大腰筋がいちばん大きく伸びるのは、
体幹を脚から後ろにねじる動きをしたとき。
この動作で大腰筋が伸びた状態をキープすれば、
下腹は引き締まります。

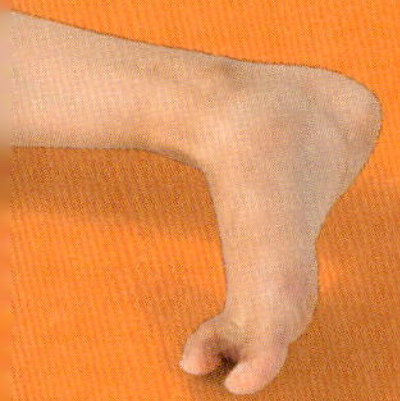

Standby

うつぶせになり、
足を腰幅に開く。
あごは手の甲にのせ
正面を見る

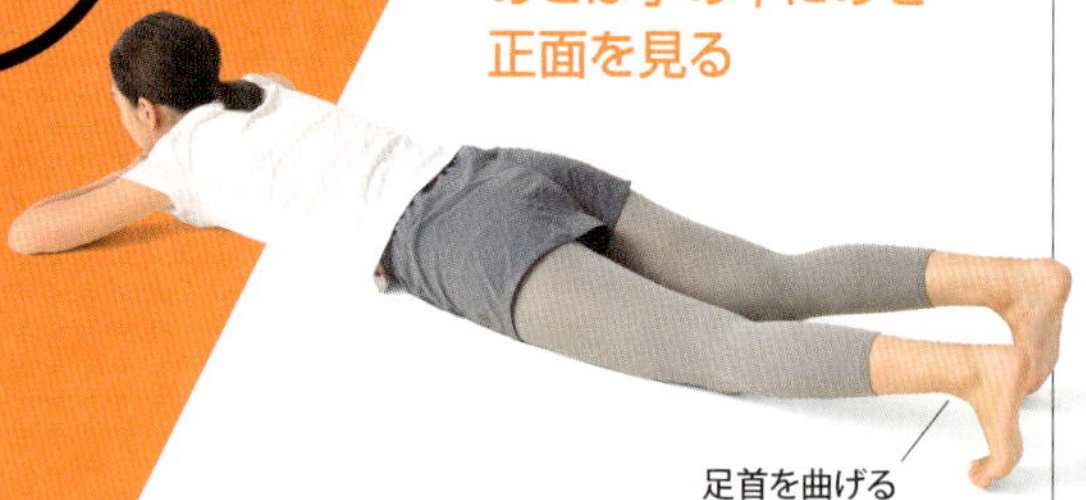

1 片ひざを曲げる

片脚はまっすぐ伸ばしたまま
反対側のひざを曲げる。
両足首は曲げておく

2 脚を上げ、もう一方の脚側にねじる

ひざを曲げたほうの脚を上げ、
もう一方の脚側にねじるようにして足を床につける。
6秒キープ。最初は大きくねじろうとせず、
徐々に動きを大きくする

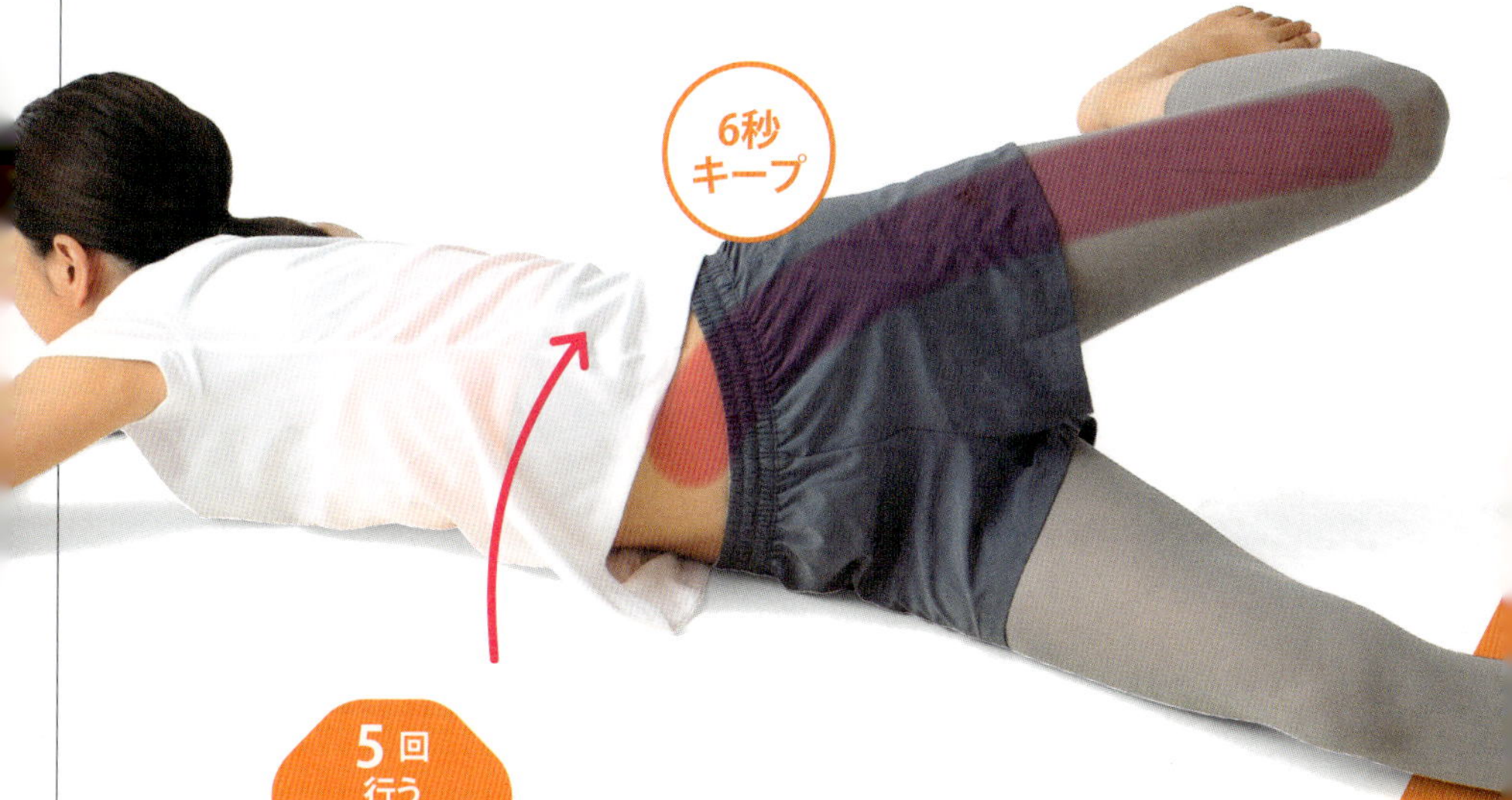

5回
行う

反対側も
同様に

脚の力だけでひねる…
わき腹からひねらないと
大腰筋を刺激できない

下腹の脂肪を落とすカギは「脚のつけ根」にあり

下腹を引っ込めるためにまずすべきは、後ろに傾いている骨盤をニュートラルにリセットしていくことです。カギとなるのは、腰から脚のつけ根にかけて伸びる「大腰筋」。大腰筋と連動する肩甲骨や、わき腹にある腹斜筋なども動かしていきます。

なぜ下腹以外ばかりケアするのか、理由をお話ししましょう。まず骨盤が後ろに傾いていると、上半身と下半身をつなぐ大腰筋が弱ってきます。大腰筋は脚のつけ根にあり、歩幅を広げてくれる筋肉です。下腹を前から鉄の柵で引き締めるように支えているのも、ここ。大腰筋が弱ってくると下腹はどんどん出てくるから大腰筋をケアするのです。

このタイプの人は、お腹前面の腹直筋と、わき腹の腹斜筋群も縮んで硬くなっているため次はそこを伸ばしていきます。加えてわき腹の腹斜筋を伸ばすと、その反対側の大腰筋を動かせるように。大腰筋が弱ると肩甲骨も上がってしまいやすいので、肩甲骨下部もいっしょに使う動きで姿勢を変え、大腰筋を使える体に整えていきます。

最後は大腰筋と肩甲骨下部を同時に縮めるエクササイズです。これを行うと肋骨が上がり、胸を張りやすくなるので、お腹全体が引き上げられて下腹もへこみます。「ぽっこり出ていたものを、引き伸ばす」ようにイメージして、くり返してみてください。こうすることで下腹の可動域が広がり筋肉を大きく伸ばせるようになるから、脂肪をガンガン燃やせる状態にできるのです。

▼大腰筋の働きを取り戻すことが大事

下腹やせの成功を決定づける大腰筋の力を取り戻すために、大腰筋と連動する僧帽筋下部や腹斜筋を動かしていきます。万全の体制をつくって脂肪を燃やし、下腹やせを実現させましょう

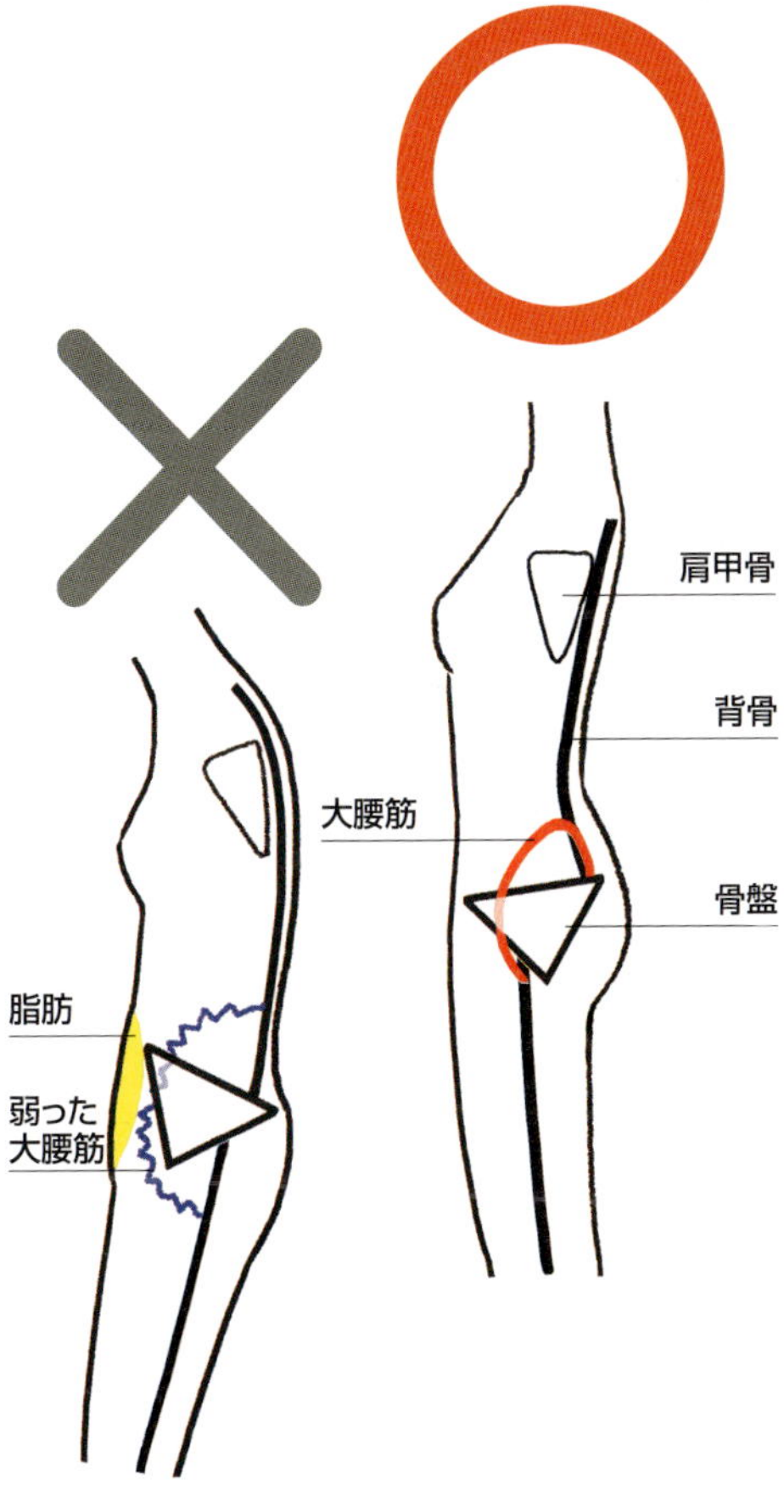

肩甲骨も動かすワケ

大腰筋がついている胸椎の12番目には肩甲骨下部の筋肉(僧帽筋)もついています。大腰筋が弱くなると僧帽筋も弱る現象が。大腰筋を強くするには肩甲骨のサポートも欠かせません。

下腹やせ

エクササイズ ▶ 1

骨盤が後傾し、肋骨と骨盤が近づくと下腹に脂肪がたまるので
腕を上げて肋骨と骨盤を離します。
また、下腹やせのカギとなる腹斜筋は、
上体を横に傾けるときに働きます。最大限に伸ばしましょう。

Standby

イスに座り背すじを伸ばす。
足は肩幅に開く

1 両ひじをつかみ腕を上げる

両ひじをつかんで頭の真上に上げる。
腕は前後に傾けない

Easy

腕が上がらない人は先に体幹リセットエクササイズを。どうしても上がらなければ手首をつかんでもOK

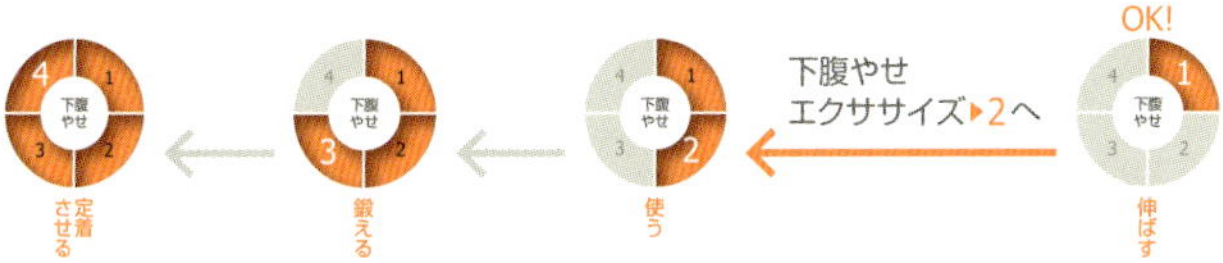

2 上体を真横に傾ける

上体を真横に傾けて3秒キープ。
反対側にも同様に動き3秒キープ。
最初は大きく傾けようとせず
徐々に動きを大きくしていく

ヒップが
浮かないように

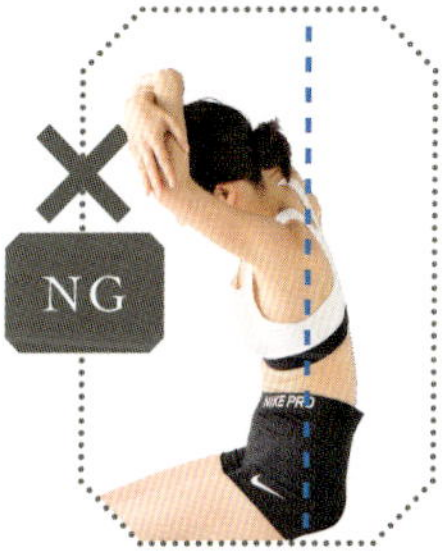

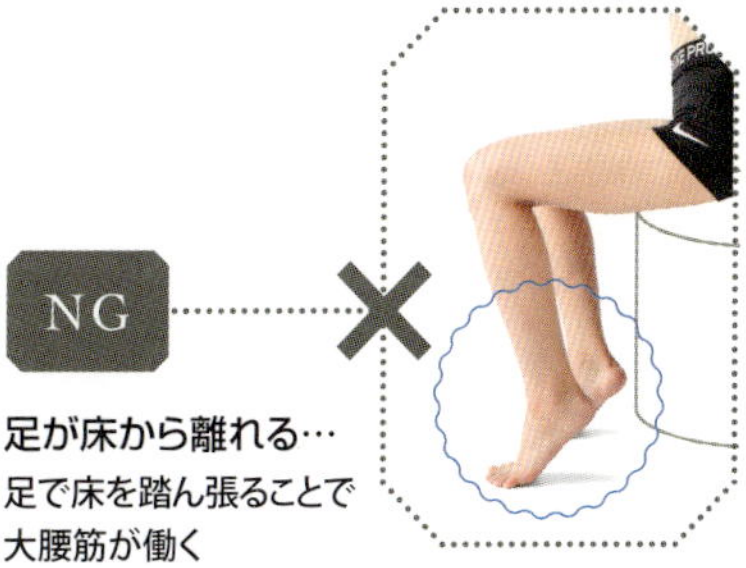

足が床から離れる…
足で床を踏ん張ることで
大腰筋が働く

10回行う

下腹やせ

エクササイズ▶2

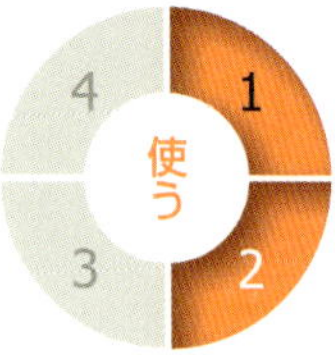

骨盤後傾タイプの人は肩甲骨の位置が上がっているため
お腹が縮んで下腹太りになりやすい傾向が。
このエクササイズでは大腰筋と肩甲骨下部を同時に動かして、
骨盤後傾姿勢を改善します。

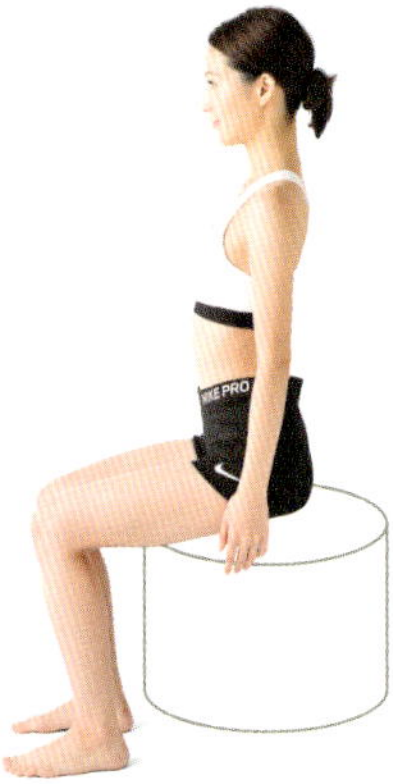

Standby

**イスに座り
足を肩幅に開く**

1 上体を前傾させる

肩とくるぶしが
一直線の位置にくるまで
上体を傾ける

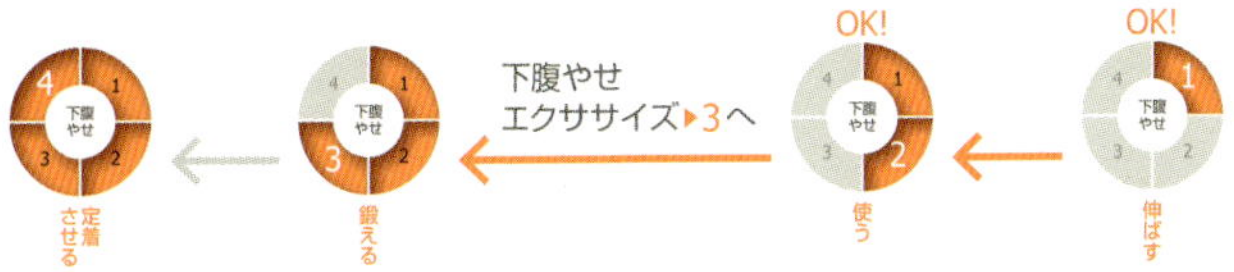

2
両腕を正面から上げる

両腕を3秒かけて弧を描きながら、上体の一直線上にくるまで上げて3秒キープ。手のひらは内側に向け、腕は逆ハの字状に開く

10回
行う

NG
手のひらが下を向く…
手のひらを内側に向けないと、肩甲骨下部はしっかり使えない

Front

OK
腕を逆ハの字状に開く

腕が平行になる
NG

下腹やせ

エクササイズ ▶ 3

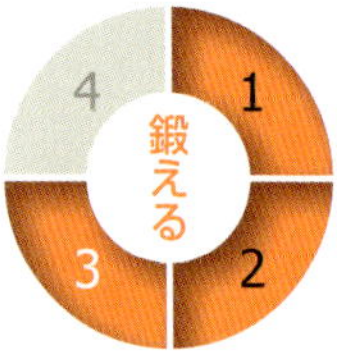

体を真横に傾けることで、大腰筋をよく動かして
下腹の可動域を広げていきます。
弱っていた大腰筋が鍛えられるので下腹の脂肪が落ちやすくなり、
骨盤の傾きまでリセットされます。

1

片足を踏み出し、後ろ脚のひざを床につける

後ろ脚の太ももが伸びるように
前の脚に重心をのせる

Standby

背すじを伸ばして
まっすぐ立つ

Easy

足を大きく踏み出す
足を大きく踏み出すと動きやすい

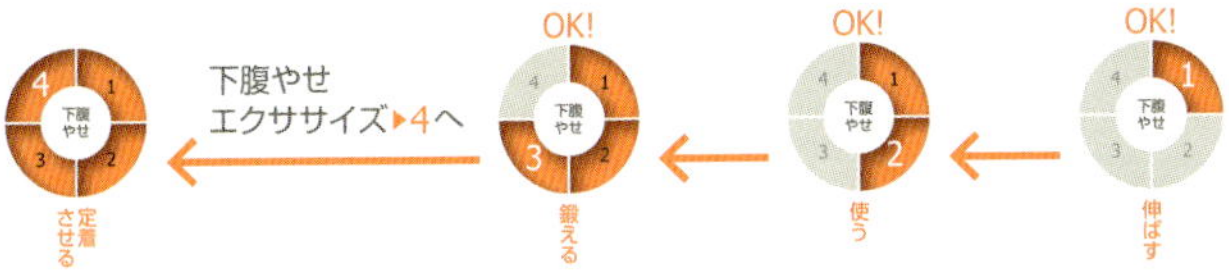

2 出した足と反対側の腕を上に伸ばす

出した足と逆の腕をまっすぐ上に伸ばし、
もう一方の手は体の横に下ろしておく

3秒キープ

3 上体を横に傾け、もう一方の手を下に伸ばす

上げた手を動かさないようにしながら、
上体を3秒かけて真横に傾ける。
反対側の手はできる範囲で、
床をタッチするように下に伸ばし3秒キープ

5回行う

反対側も同様に

ひざが痛む人は…

前脚に重心をしっかりのせる。後ろ脚に重心がのっていると、ひざに過度な負荷がかかり痛めやすい

下腹やせ

エクササイズ ▶ 4

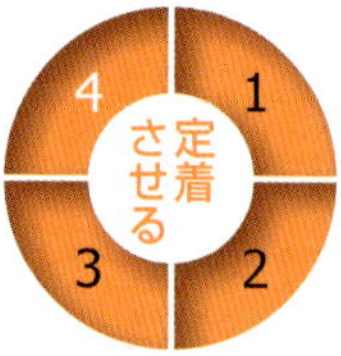

胸を張ると肋骨が上がり、下腹はへこみます。
その状態のまま、大腰筋と肩甲骨下部を同時に縮めて
下腹やせポジションに筋肉を定着させていきましょう。
ひじをしっかり上げて肋骨を引き上げるのがポイントです。

Standby

背すじを伸ばして
まっすぐ立つ

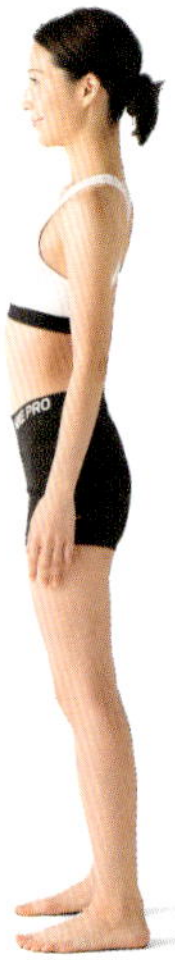

1

ひざを 軽く曲げる

手は反対側のひじのあたりをつかみ
腕を水平に

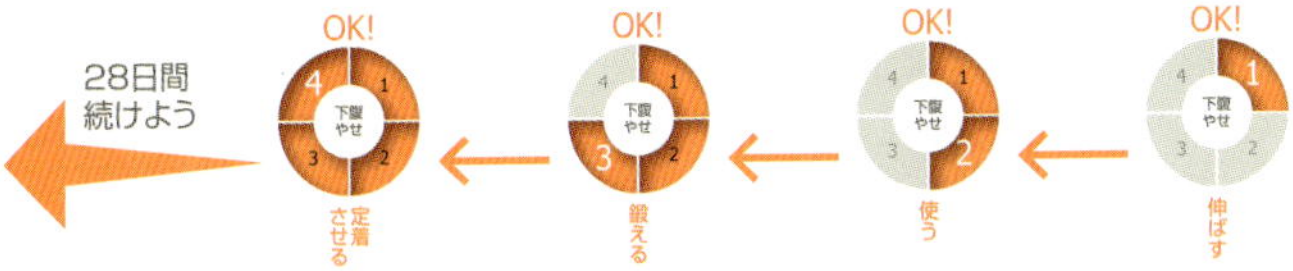

2

上体を股関節から前に傾けていく

ひじを前方に3秒かけてスライドさせながら、
上体を股関節から前に傾け、3秒キープ

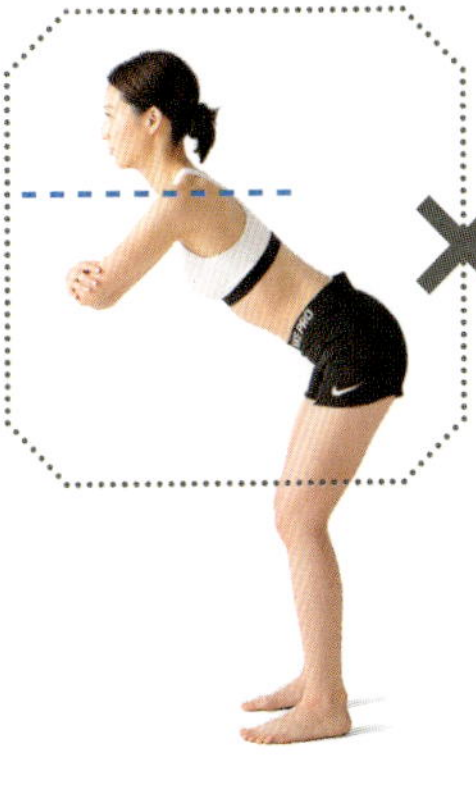

NG

ひじが下がる…
ひじは肩の高さまで上げないと、肋骨は動かない

10回行う

Q 下腹だけが出てしまう

A

「ウエストは気にならないけど下腹だけ出ている」「下腹のせり出しに歯止めがきかなくなった」など、下腹だけ特に気になるとしたら要注意です。お腹が縮んで太くなっただけでなく、胃や腸など内臓の位置が下がっていることが考えられます。

先ほど「大腰筋が鉄の柵のように前面からお腹を支えてくれる」と話しましたが、支えるのはお腹の脂肪や筋肉だけではありません。その奥にある腸などの臓器の位置を保つ役割も担っています。大腰筋が弱ると腸は下がったり折れ曲がったりしますし、胃〝下垂〟と言うように、胃も腸につられて下がっていくものなのです。

臓器が下がると便秘や冷えなどにも直結するため、下腹ぽっこりの人はなにかしら慢性の不調を抱えていることが多いもの。ぜひ本書のエクササイズを習慣化して、体形の改善だけでなく体の不調も解消していきましょう。

Q 下腹やせを成功させるうえでいちばんＮＧなことは？

A

ぽっこり下腹を気にする人は老若男女問わず非常に多いですが、ここに手を打つうえでＮＧな運動は、やはりウエストやせと同じく腹筋運動（クランチ、シットアップ）です。

腹筋運動は寝ながらできるため、確かに手軽なトレーニング方法です。でも、よく考えてみてください。本当に下腹にダイレクトに効いているでしょうか。下腹部の筋肉は伸び縮みをほぼしない構造なので、動いているのは、じつはおへそよりも上。ということは、腹筋運動によって鍛えられるのは下腹ではなく、お腹の上側の筋肉です。腹筋を鍛えて厚みを増すなら腹筋運動は必要ですが、下腹やせにとっては無意味なのです。

それどころか腹筋ばかりすると、骨盤が後ろに傾いてしまいます。これでは回数を重ねるごとに、ぽっこり下腹を助長するようなものです。

こんなクセがお腹まわりを太くする

基本的に、背すじが丸まるような姿勢や骨盤が後ろに傾くような姿勢をとると、ぽっこり下腹に直結すると思ってください。前かがみでのデスクワーク、うつむいてスマホ操作。これらを続けると、お腹まわりはどんどん太くなります。パソコンを操作するときなども、肩からひじは横から見て垂直であるのが望ましい状態。どちらかが前に出て垂直でない状態が続くと、骨盤が後傾していきます。

また、イスに浅く腰かけるのもNGです。浅く腰かけると、どうしても後ろにもたれかかってしまいますよね。これも骨盤後傾を助長します。電車に乗るときも、浅く腰かけるときは姿勢を正しましょう。普段の生活で何気ないことに気をつかうだけでも、ぽっこり下腹の予防・改善になるのです。

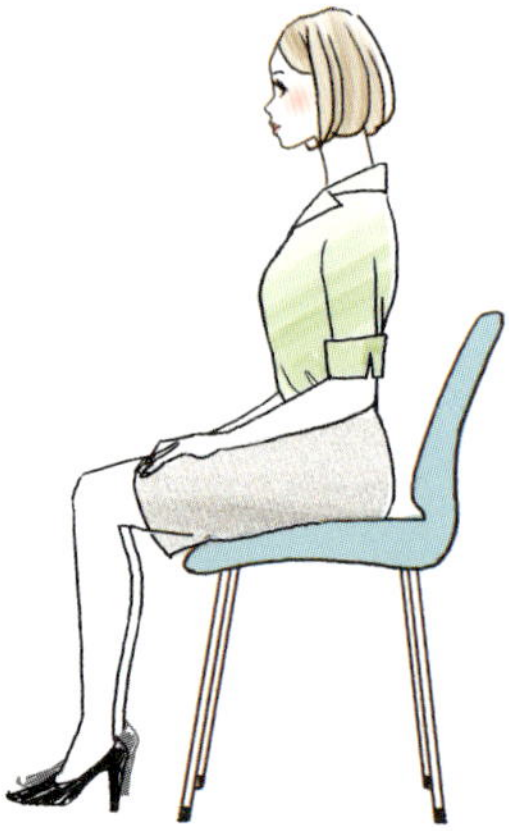

太もも・ふくらはぎ
洋服で隠すのも
もう限界……

chapter 3

究極の
脚やせ
エクササイズ

太もも瞬間サイズダウン

脚のつけ根からひざ下までの筋肉をフルに稼働させて、
太ももを一瞬で引き締めましょう。
太ももがゴツいのは、
太もも前の筋肉に負荷がかかって硬く縮んでいるから。
ここでは、腰を丸めて太ももの前をしっかり伸ばしつつ、
もう一方の脚もつけ根からひざ下まで一気に刺激します。

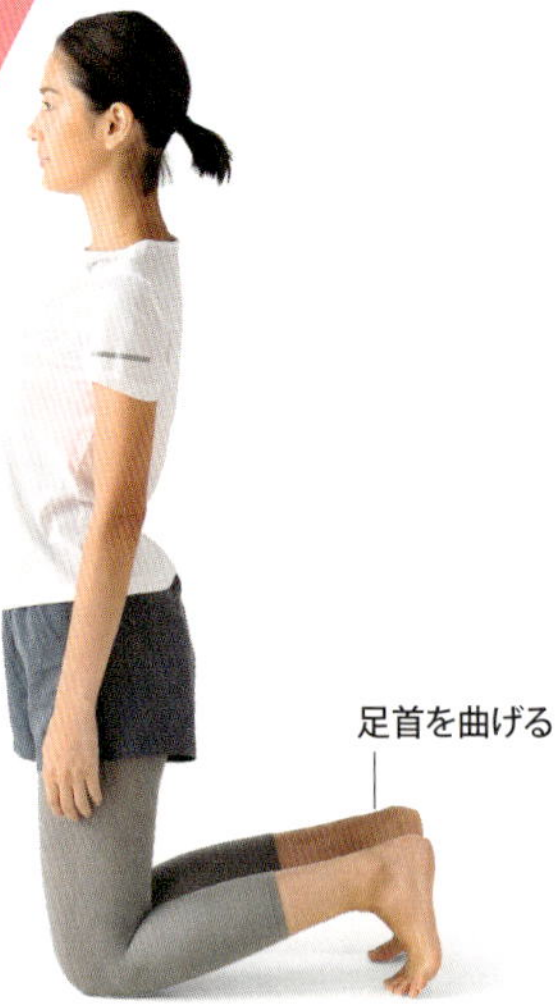

1 ひざ立ちになり背すじを伸ばす

足を腰幅に開き、両ひざを床につく。
背すじはまっすぐ伸ばす

2 片足を大きく踏み出す

片足を大きく踏み出す。
もう一方の足は床につけたまま

3 後ろ脚の足首をつかむ

後ろ脚の足を、同じ側の手でつかむ

4 背中を丸めてキープ

踏み出した太ももに上体をのせるように、
背中を丸めて10秒キープ。
足をつかんでいないほうの手は、
踏み出した足の横あたりにつく

「筋肉バランス」リセットで
ゴツい太ももも必ず細くなる

ゴツい太ももを引き締めるには、まず太ももの表裏内外にある筋肉のバランスを整えることが必要です。たったそれだけで、必ず細くなります。

太ももがゴツくなるのは、ゴツい部分にばかり負担が集中しているからです。その最大の要因は、骨盤の前後の傾きにあります。骨盤が前に傾いていると、脚のつけ根から太ももの中間ぐらいが太くなりがちです。欧米の女性に多い「洋なし体形」に近づくと思ってください。そして骨盤が後ろに傾いていると、ひざ上と足首あたりが太くなります。

太ももやせは、骨盤を垂直に保つ筋力・バランスをつけるために、体についたクセをとるエクササイズから始めます。そして大腰筋と、ヒップにある大臀筋を使って骨盤をまっすぐな状態に。そのあと骨盤のバランスをとりながら、太もも裏を鍛えていきます。多くの女性は、日常生活では太もも裏の筋肉をほとんど使えていません。太ももの表側と太ももの裏側では、負担の割合は7：3。普段、太ももの表側にあまりにも負担がかかりすぎているのです。そこで太もも裏を鍛え、太ももの表側の負担を軽減することで、四方の筋肉をバランスよく使えるようにします。

締めは太ももの内側で、太ももの外側の筋肉をやせやすい位置に定着させるエクササイズです。表裏内外の負荷バランスを均等にすることで部分的な負担をなくし、太もものゴツさを解消していきます。これだけで太ももは、驚くほどスリムになっていくのです。

▼骨盤の傾きで太もものどこが太くなるかが決まる

なななめにした傘に真上から力をかけると負荷が集中したところから簡単に折れますが、縦一直線の傘に真上から力をかけても負荷が分散されるのでそうは折れません。脚も傘と同じ。まっすぐな状態にして、筋肉にかかるよけいな負荷をやわらげましょう

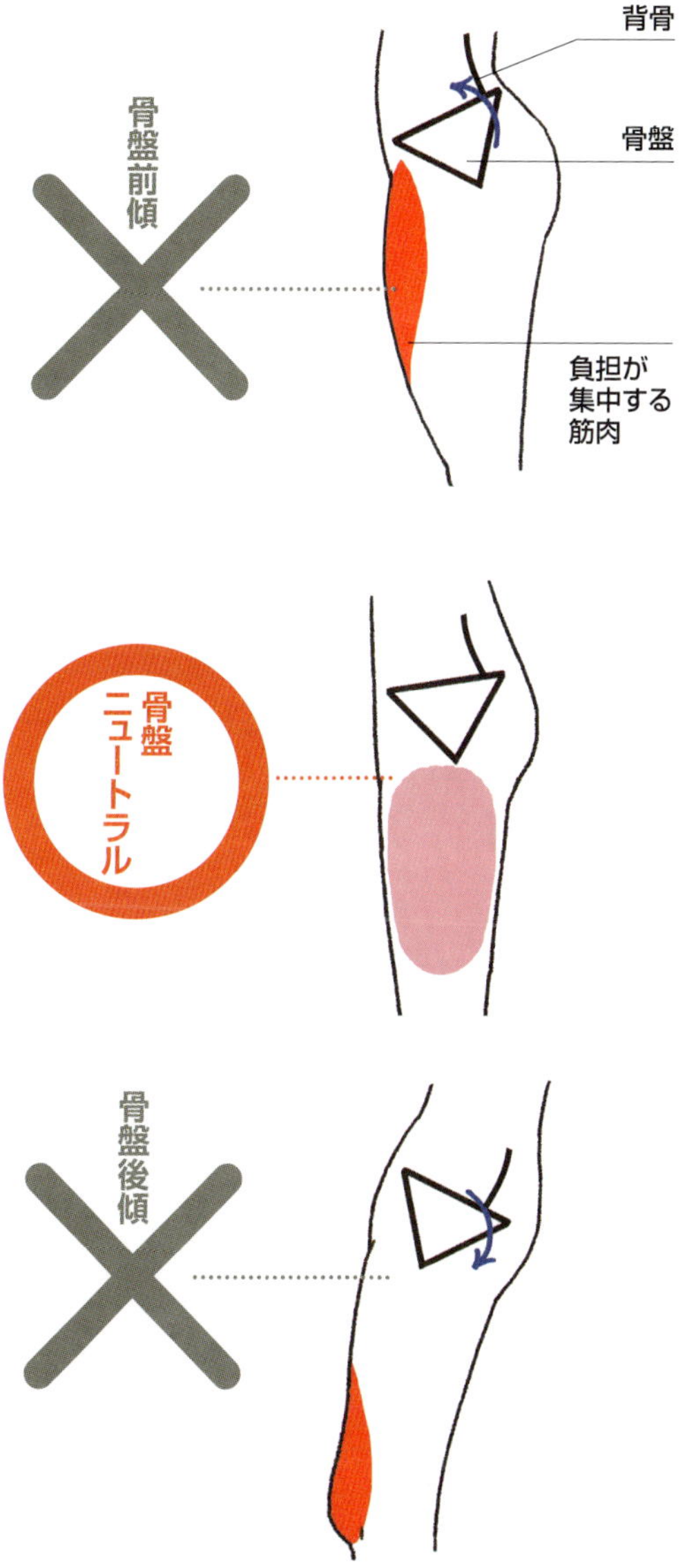

太ももやせ

エクササイズ ▶ 1

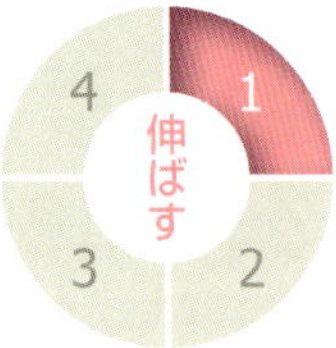

太ももに悩む人の多くは内転筋と中臀筋がうまく使えていません。このエクササイズを行うと、ひざを開いたときに中臀筋が縮んで内転筋が伸び、ひざ下を開いたときに内転筋が縮んで中臀筋が伸びるので、ほぐし効果はバツグンです。

Standby

横向きで寝る。一方の手は頭の下に、もう一方の手は床につく

1 ひざを直角に曲げる

脚をそろえてひざを直角に曲げる。足首も曲げておく

Top

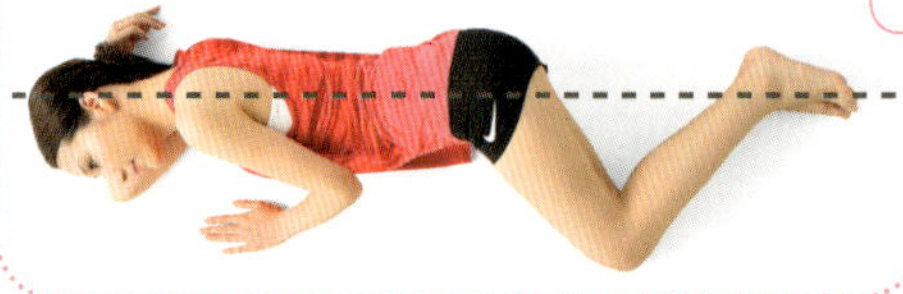

肩と骨盤と足首が一直線上にくるように。位置関係がわからなければ、一度両ひざを曲げて仰向けになってから、横向きに倒れよう

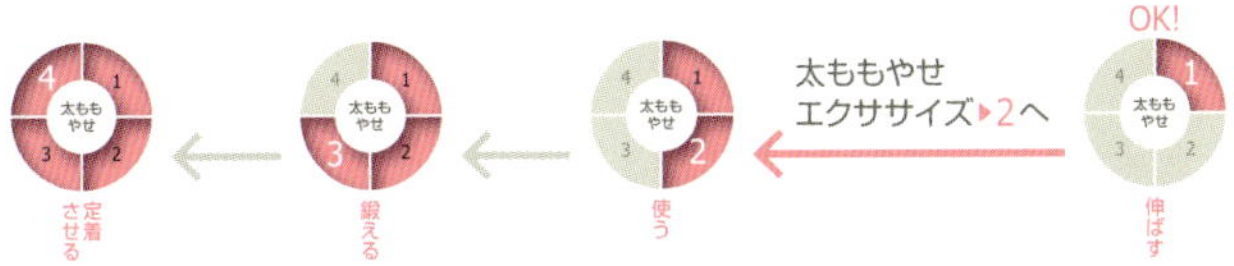

2 かかとをつけたまま、ひざを開く

かかとはつけたまま、45°を目安にひざを開く

3 ひざをつけたまま、ひざ下を開く

両ひざをつけたまま、45°を目安にひざ下を開く

2〜3を30秒間行う

反対側も同様に

太ももやせ

エクササイズ ▶ 2

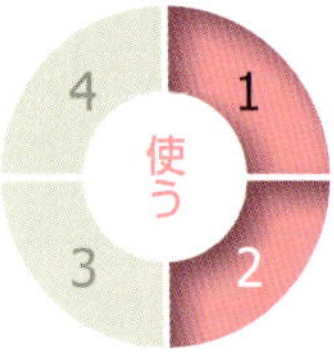

大臀筋を使うエクササイズです。
太ももの表と裏の筋肉が正しい位置について、
形が自然に整う、うれしい効果が。
ひざ裏にタオルを挟むと腰が反らず、骨盤の傾きもリセットできます。

Standby

四つ這いになる。
タオルは近くに準備しておく

1 片方のひざ裏でタオルを挟む

片脚のひざ裏でタオルを挟む。両足首は曲げておき、
手は肩の下あたりにくるように

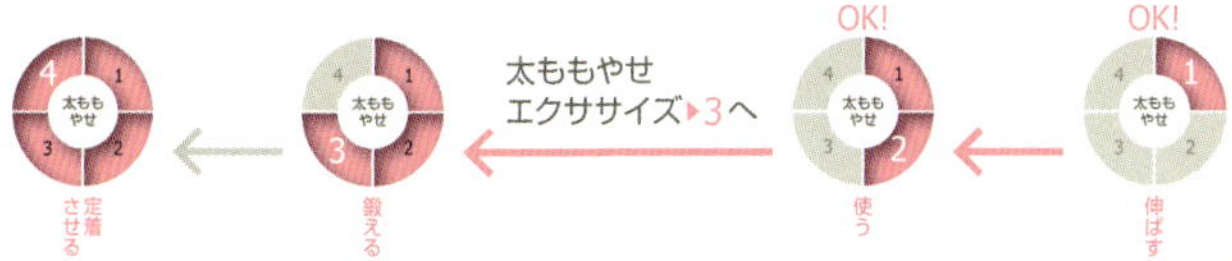

2 タオルを挟んだ脚を上げる

タオルを挟んだほうの脚を、上がるところまでゆっくり上げる。あごは上げない

Easy

脚は少し上げるだけでもOK

3 脚を下ろす

上げた脚をゆっくり下ろす。このとき、ひざが元の位置より少しだけ前に出るようにする

2〜3を
10回行う

反対側も
同様に

太ももやせ

エクササイズ ▶ 3

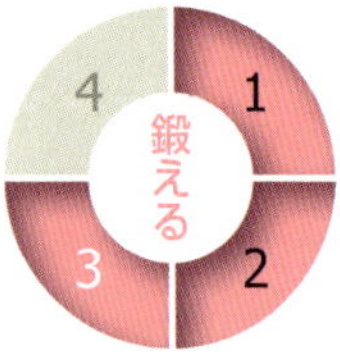

日常動作は、太もも表側を過労に追い込みがちです。
太もも裏を鍛えれば太もも表の負担を軽くできるので、
ここでは骨盤のバランスをとりつつ太もも裏を鍛えましょう。
腕を伸ばして動くことで、肋骨や肩甲骨の位置もリセットできます。

1

腕を伸ばしてまっすぐに立つ

腕を前方にまっすぐ伸ばして立つ。
手のひらは内側に向ける

手のひらを内側に向けておく

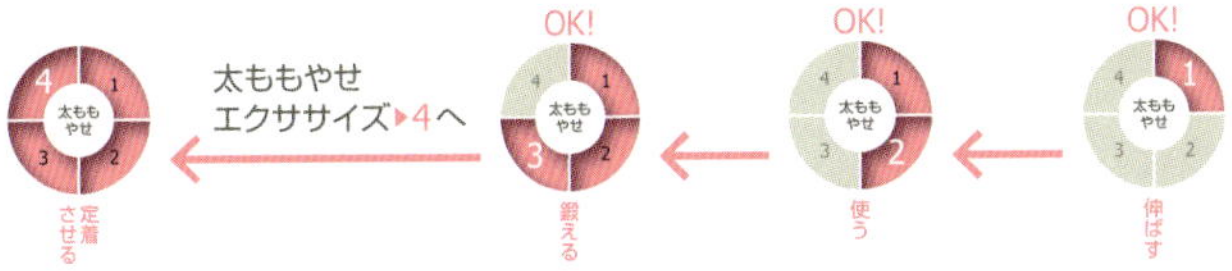

2 腕を前にスライドさせながら上体を倒す

腕を前方にまっすぐスライドさせながら、
3秒かけて股関節から上体を倒し
3秒キープ。重心は足の前方にのせて、
もも裏が伸びるのを意識する

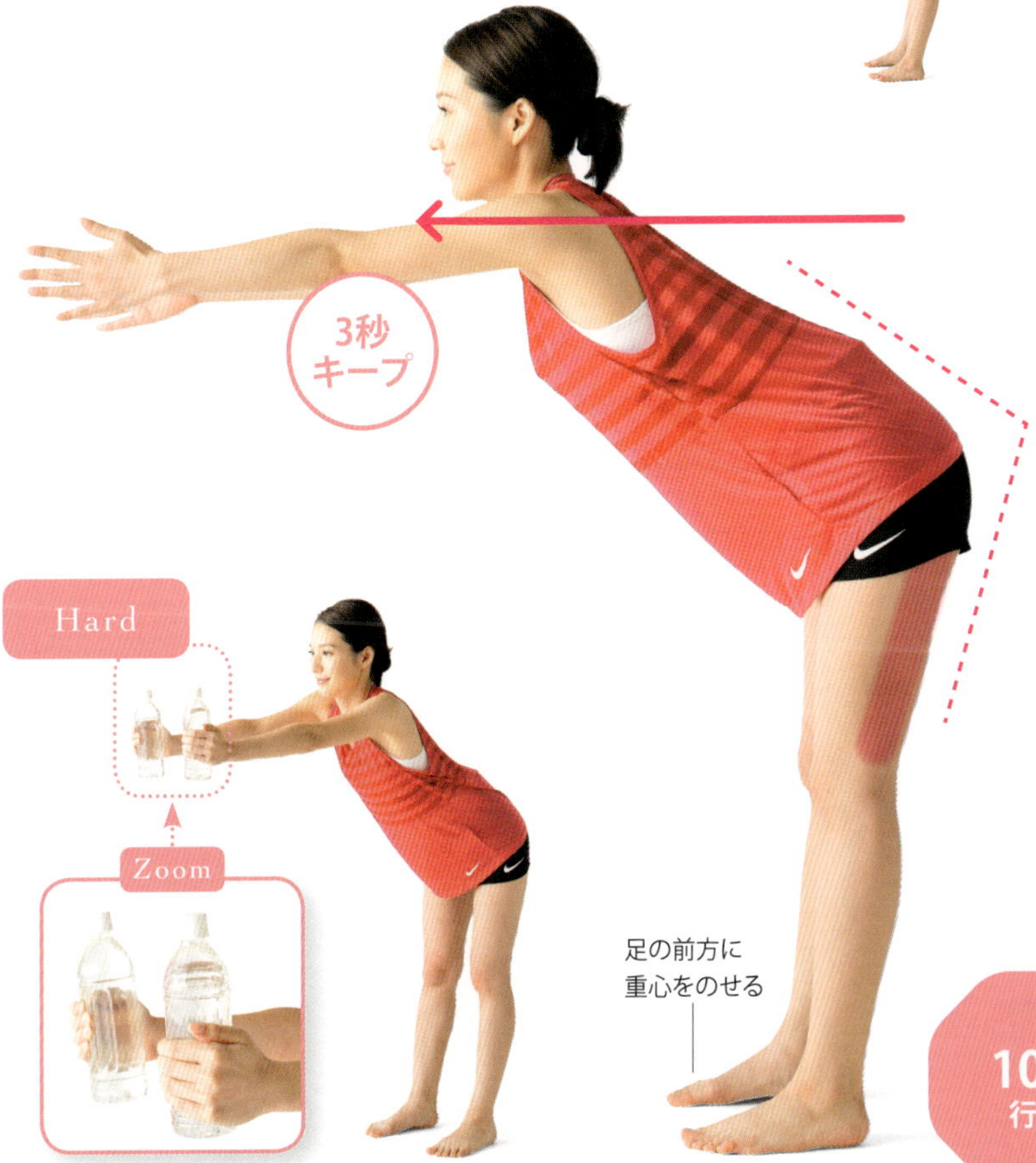

水の入った500mlのペットボトルを両手に持つ。
ペットボトルは縦向きで、親指以外の指で握る

10回行う

太ももやせ

エクササイズ ▸ 4

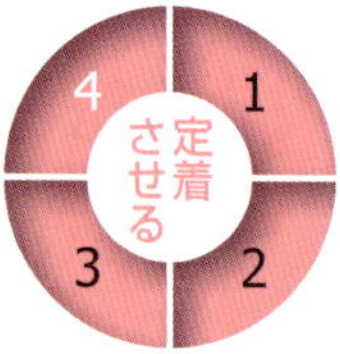

太ももの内側と外側の筋肉を、やせやすい位置に定着させます。つま先を外に開いて腰を落とすことで、太もも内側の筋肉を刺激。つま先の角度が大きいほど、太もも内側もヒップもしっかり鍛えられます。

1 両手で反対側のひじをつかみ腕を水平に上げて立つ

足を横に大きく開き、
つま先とひざを外に向けて立つ。
両手で反対側のひじあたりをつかんだら、
床と平行になるように腕を上げる

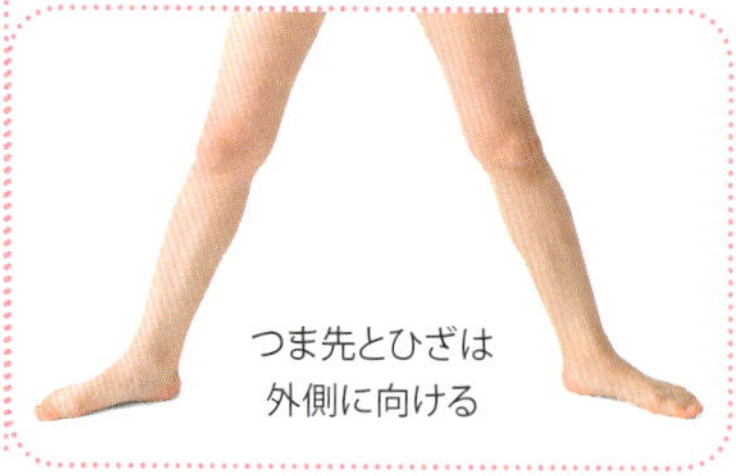

つま先とひざは
外側に向ける

Easy

つま先の角度を45°
程度にすると動きや
すい

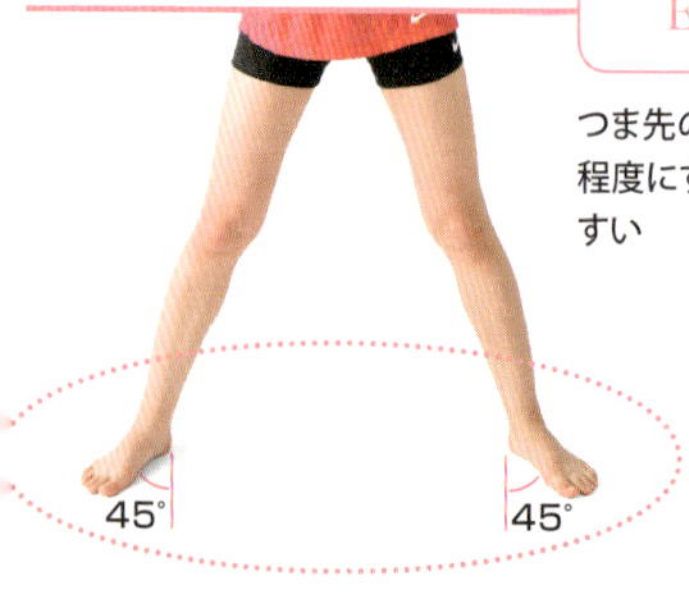

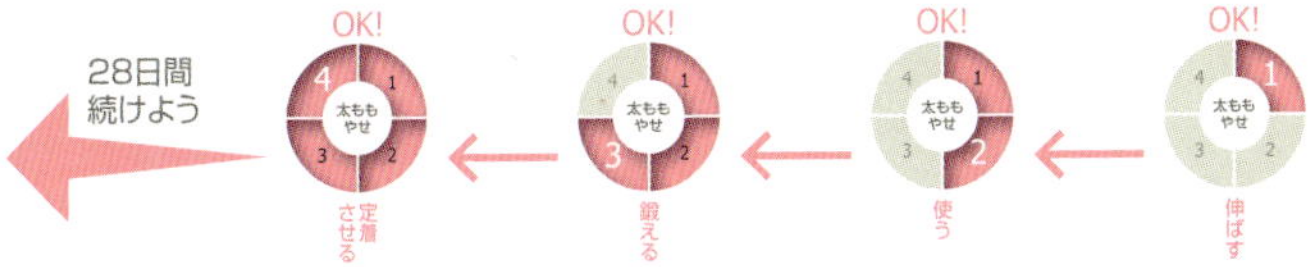

2

太ももが床と平行になるくらいまでしゃがむ

背すじをまっすぐに保ったまま、
太ももが床と平行になるくらいまでしゃがむ。
最初は大きくしゃがもうとせず、
徐々に動きを大きくしていく

10回行う

NG

ひざが内に向く…
つま先とひざを同じ向きにしないと、
ひざを痛めたり太もも外側がゴツくなったりする原因に

Q 細身のボトムスをきれいにはきこなしたい

A

タイトなボトムスがどうも似合わない、決まらない……。こうお悩みの方はとても多いのですが、いちばんの原因は太ももの「横幅」にあります。このタイプの人の太ももは、内側はプルプルし外側はしっかり。ならば、と内ももの運動で脂肪を落とそうとしますが、真っ先にすべきは「外ももについたよけいな筋肉を落とすこと」。外ももの筋肉は下半身でいちばんサイズが大きいうえ、太ももに悩む人のほとんどは外ももが過剰に発達しているからです。

歩くときもエクササイズをするときも、使うのはほぼ外ももの筋肉になっていたら、24時間休みなく筋トレしているようなもの。しかも外側ばかり使うと内ももは使われず、どんどん脂肪がついていきます。それをストップするには、太ももの表裏内外にまんべんなく負荷をかけて、脚の筋肉のバランスを整える以外ありません。外ももだけに負担がかからないようになれば、太ももは必ず細くなります。

Q 太もも全体にしっかりとした肉がある……

A

「太ももが全方位的に太くて悩む」という方も大勢いらっしゃいます。立っているときは骨盤前傾、しかし動き始めると骨盤後傾。そんな「前傾後傾複合型」で太ももが太くなるのは、本当によくある話なのです。

球技経験者は、特に注意が必要です。激しい「横の動き」は外ももを刺激します。そして「立ちしゃがみ」は太ももの前を刺激します。日常生活の動作は太ももの外側と表側を刺激するものばかりなので、運動をやめてもその部分の筋肉は落ちようがありません。消費カロリーが減っているのに、それまでと同じように食事をしていたら、刺激の少ない内ももやもも裏にはどんどん脂肪がついていきます。こんなときは、むやみに脚やせ運動をしないこと。特にアスリート向けの筋トレなどはNGです。太ももの外側・表側は筋肉太り、内側・裏側は脂肪太りなのですから、その性質に合わせた本書の太ももエクササイズをしてニュートラルな状態をつくることをおすすめします。

ふくらはぎ瞬間サイズダウン

ふくらはぎは外側が張りやすく、ここが発達すると太く見えます。最善の対策は、一時的にふくらはぎ内側に負荷がかかるように、バランスをシフトさせること。内側に負荷がかかるように切り替えると、外側の筋肉が休むため張り出し感が消えてスッキリ細く見えます。

1 背すじを伸ばして内またで立つ

足を内またにして立つ。
重心は小指にかけるように

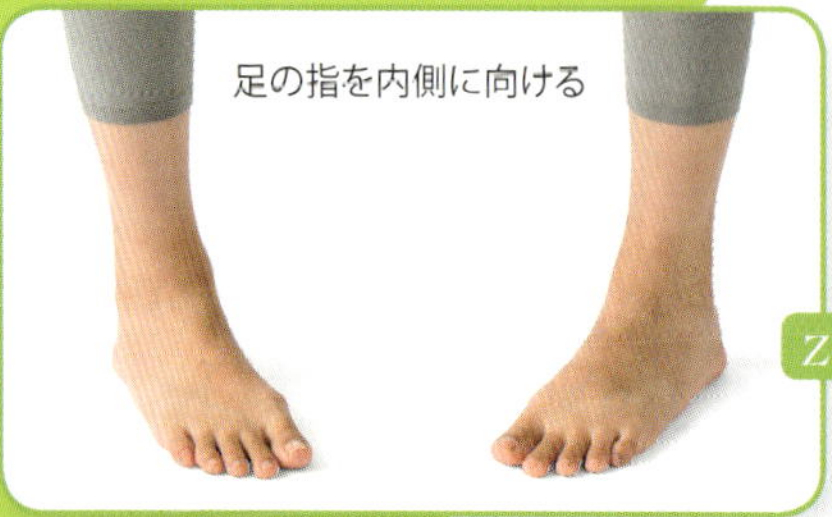

足の指を内側に向ける

2 つま先立ちをする

内またのままつま先立ちをする。
10秒キープ

6回 行う

10秒キープ

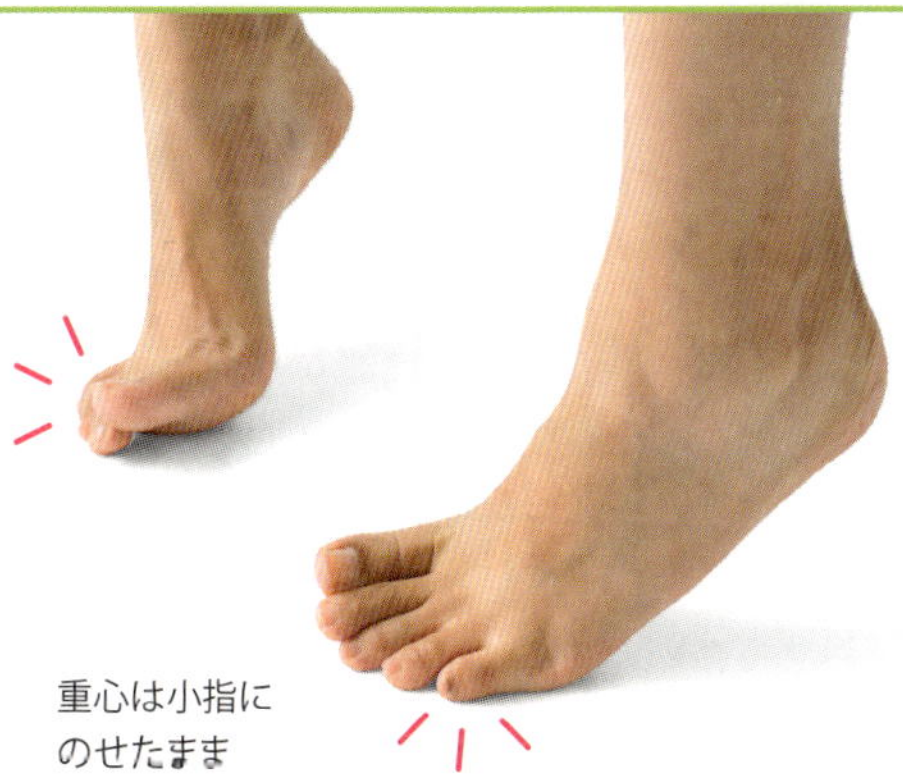

重心は小指に
のせたまま

Zoom

Easy

足もとがふらつくときは、壁に手をついて行うと安定する

いくら動かしても ふくらはぎは細くならない？

ちょっとびっくりされるかもしれませんが、ふくらはぎを引き締めるには「肩まわり」を鍛えるのがいちばんの近道です。

歩くときに腕を後ろに振る筋力が弱いと、肩甲骨は上がり肋骨は下がっていきます。そしてどんどん「骨盤後傾」「猫背」「巻き肩」が進み、立つときは必ず「かかと重心」に。かかと重心の人は歩くときもかかとから踏み出し、その後つま先で必要以上に地面を押してしまいます。ふくらはぎの筋肉はつま先立ちすることで発達しますから、これはもう一歩一歩がふくらはぎの筋トレ。ふくらはぎは必然的に鍛えられ太くなります。

ふくらはぎやせエクササイズではまず、腕を後ろに振る筋肉をよく動かします。肩の柔軟性が上がって前後均等に腕を振れるようになると、背すじがまっすぐに。するとかかと重心ではなく、足裏に均等に体重がかかるようになり、ふくらはぎばかりにかかっていた負担を分散できます。そして、つま先で地面を強く押さなくても歩けるように、太もも表面を伸ばして大腰筋を鍛えるのです。それから、さらに片脚立ちで股関節を動かし、ヒップの筋肉も鍛えます。ヒップを鍛える理由は、歩行時にふくらはぎにかかる負担をヒップの筋肉が肩代わりしてくれるからです。最後に、つま先で地面を強く押さないよう、すねの筋肉を使う動作を記憶させて終了！　体幹を正しく使えるようになれば、ふくらはぎを細くするのも簡単です。

▼かかと重心がふくらはぎを育てる

張りやゴツさに悩む人は、ふくらはぎにかなりの負荷をかける傾向が。肩や大腰筋、脚全体を使えるようになれば、よけいな筋肉は自然と落ちます。筋肉疲労が原因のむくみもスッキリ解消するので、驚くほど脚が軽くなり、ふくらはぎはサイズダウンします

ふくらはぎやせ

エクササイズ ▶ 1

歩くときに腕を後ろに振れないと姿勢が崩れます。
そうすると、つま先で地面を押す力が強くなるのです。
そこで、まず肩の可動域を後方に広げましょう。
自然と腕を大きく振れるようになり、ふくらはぎの負担も軽減します。

1 イスに浅く座り背すじを伸ばす

足を腰幅に開いてイスに浅く座る。
手は肩幅にしてイスのふちをつかむ

2 イスからヒップを下ろす

手はついたままヒップを前にずらす

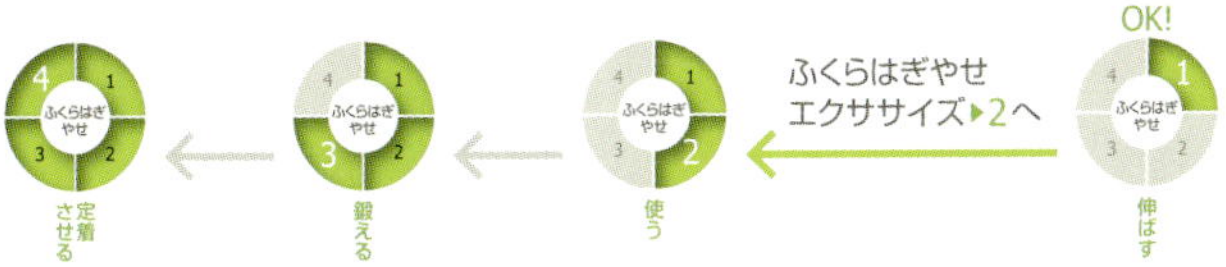

10回
行う

3 ヒップを真下に下ろす

6秒
キープ

NG ひざがつま先より前に出る…
ひざを痛めるおそれがある

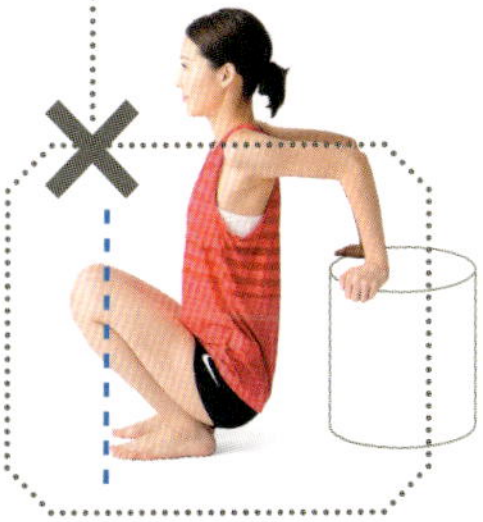

OK

ひざの間隔は腰幅

NG

ひざが外に開く

イスがないときは

床に座って
行ってもよい

2 手を床についたまま、上体を後ろに倒していく。腕や胸が伸びるところまで倒れたら、1の姿勢に戻る

1 足を腰幅に開き、ひざを曲げて座る。手は体の後ろについて指を前方に向ける

ふくらはぎやせ

エクササイズ ▶ 2

大腰筋の弱さも、ふくらはぎが太くなる原因のひとつ。
脚を大きく振れず、つま先で地面を押す力が強くなるため
ふくらはぎによけいな負担がかかるのです。このエクササイズは
体をねじって太もも表面を伸ばすので、大腰筋を存分に使えます。

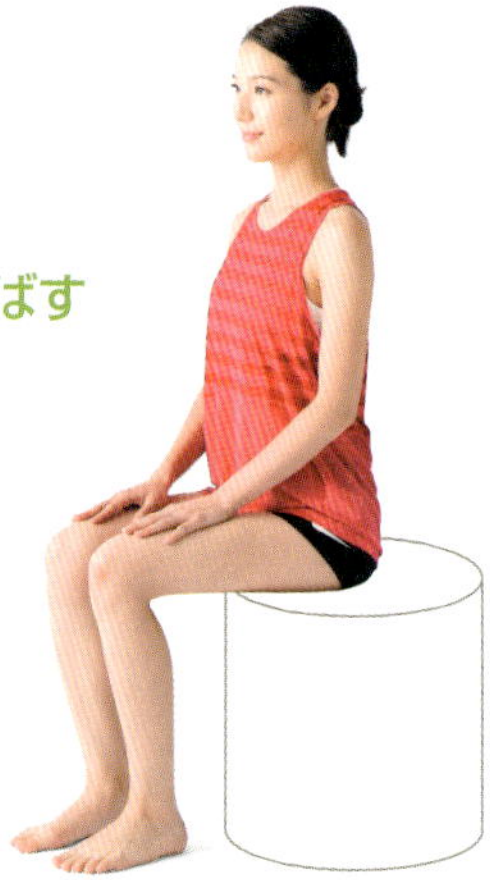

Standby

イスに座り、背すじを伸ばす

1 ヒップの片側だけイスから下ろす

体の横で両手をイスにつく。
ヒップの片側だけをイスから下ろす

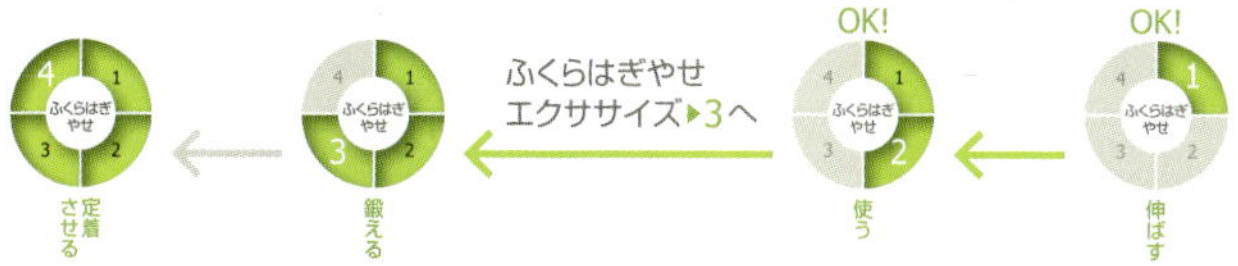

2 イスから下ろしたほうの脚を後ろにスライドさせる

イスにのせていないほうの脚を後方にスライド。
できるところまで伸ばして3秒キープ

10回行う

反対側も同様に

イスがないときは

Standby 正座をする

1 ヒップを片側にずらして座る

2 ヒップと反対側の床に両手をつく

3 外側の脚を後方にスライドさせて3秒キープ

4 2～3を10回行い、反対側も同様に

ふくらはぎやせ

エクササイズ ▶ 3

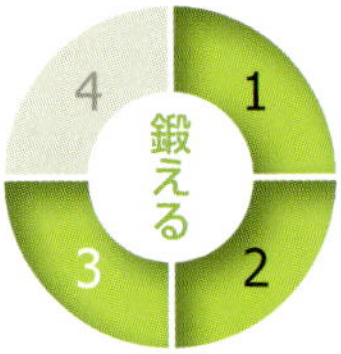

片脚立ちで股関節を大きく動かし、軸脚側と振る脚側のヒップの筋肉を同時に鍛えるエクササイズです。片脚立ちになることで軸脚、特に脚を支えるヒップに負荷をかけます。続けるうちに、歩行中の動作すべてでヒップの筋肉をしっかり使えるようになります。

Standby

壁を横にして立ち、
一方の腕のひじと手のひらを壁につける。
壁と反対側の手でタオルを持ち、
まっすぐに下ろす

1 片脚で立ち 上げた脚のひざ裏に タオルを挟む

上げた脚のひざ裏にタオルを挟む

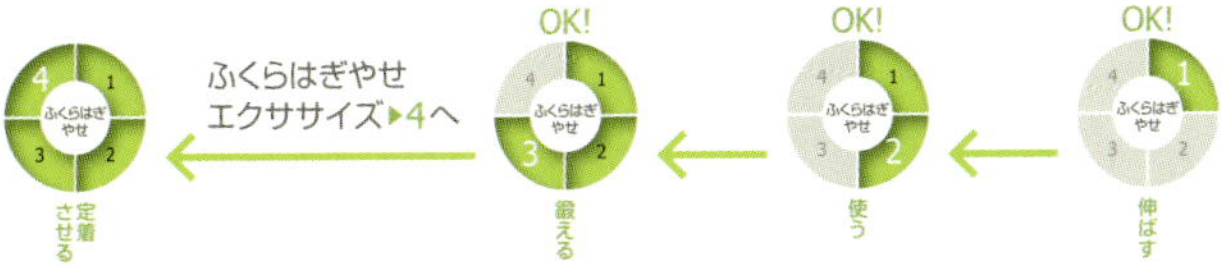

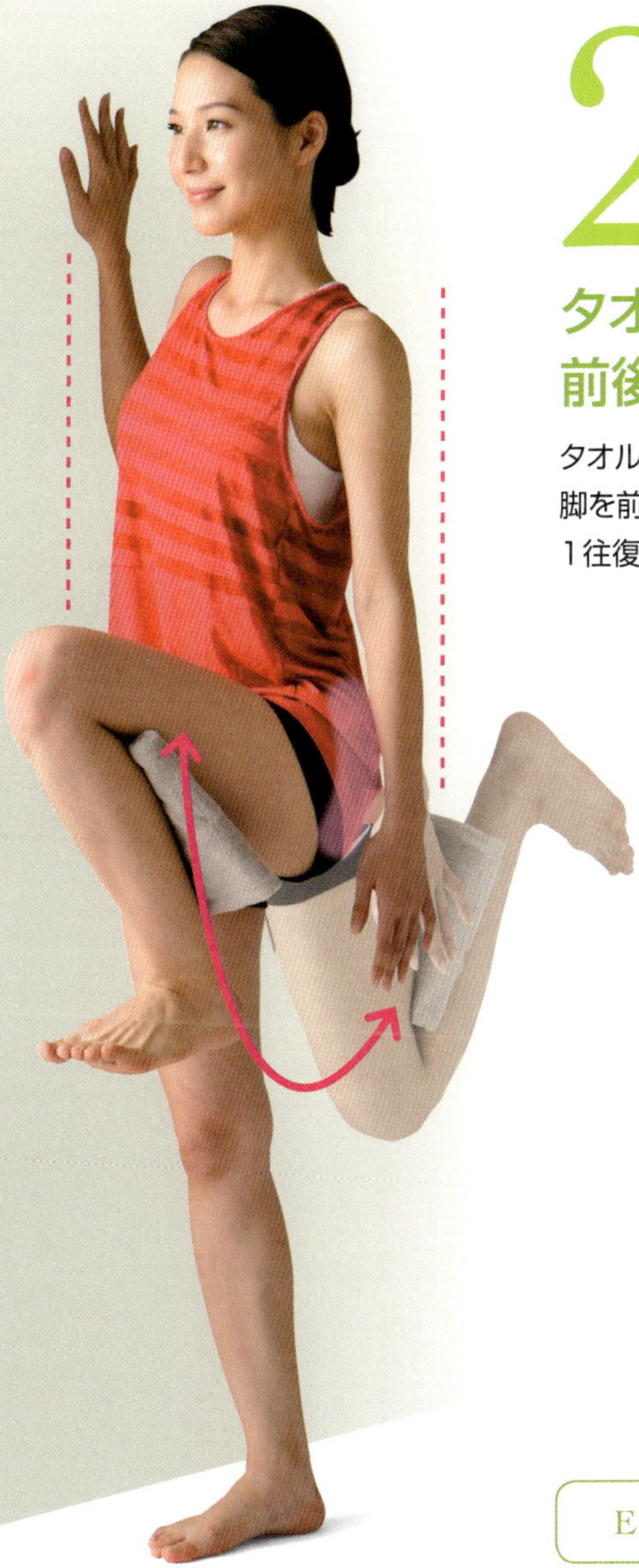

2

タオルを挟んだ脚を前後に10往復させる

タオルが落ちないようにしながら
脚を前後に10往復させる。
1往復にかける時間は3秒程度

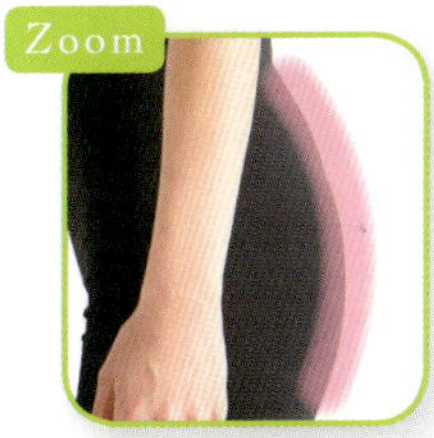

反対側も同様に

Easy

タオルのほかに小さいボール
でも代用可。厚みがあるほう
が動きやすい

ふくらはぎやせ

エクササイズ ▶ 4

最後に、すねの筋肉を使ってふくらはぎの負担を軽減します。
すねの筋肉が使えると、つま先で地面を押す力が弱くなって
自然とふくらはぎが細くなる効果が。
肩・大腰筋・ヒップに加え体幹も使って、形状記憶させましょう。

Standby

背すじを伸ばして立つ。
指を組んで
手のひらを外側に向ける

1 腕を大きく上に伸ばす

指を組んだまま、腕を真上に大きく伸ばす

2

その場でかかと足踏み

つま先を上げ、その場でかかと足踏みをする。
ひざが曲がらないように脚は伸ばす

1分間
行う

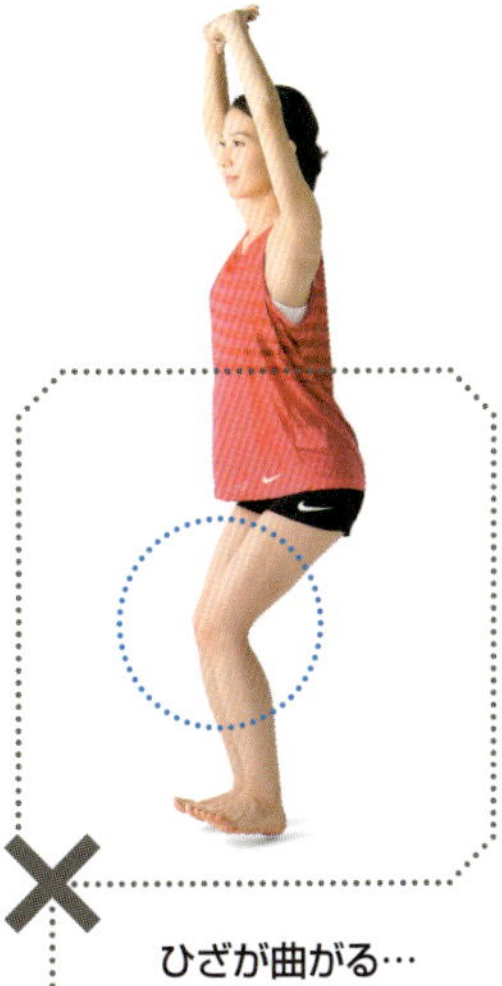

NG

ひざが曲がる…
ひざを痛めるおそれがあるので、ひざは曲げずに行う

NG

上体が前傾する…
上体が前傾するとふくらはぎに過度の負荷がかかる

Q 脚のむくみやすさも改善できる？

A

ふくらはぎの筋肉が大きく伸び縮みする機会は、日常生活にはありません。歩いているときでもごく軽く伸び縮みする程度で、しっかり縮むのはつま先をグッと伸ばしたときくらい。これでは脚まで下りた血液やリンパ液を引き上げられません。だからむくみやすいのです。

ふくらはぎやせエクササイズは、ふくらはぎを「大きく伸ばす、縮める」を意識したもの。ふくらはぎの筋肉が伸び縮みするポンプのような作用で下半身の血液は引き上げられ、スムーズに心臓に戻るようになります。血流がよくなるとリンパ液の流れもよくなりますから、むくみは見事に解消。かかと重心やつま先重心で筋肉を酷使し、こわばったことによるむくみにも効果があります。立つときに親指・小指・かかとの3点に均等に体重がかかるように意識できれば、むくみを寄せつけない脚の完成です。

Q ハイヒールを履くとふくらはぎが細くなる？

A

細くなるどころか、逆に太くなるでしょう。なぜならハイヒールを履いているときは、どうしても「つま先重心」になるからです。ふくらはぎの筋肉がずっと縮んだままだと血流は悪くなり、まずむくみます。ギュッと縮ませ続けて鍛えるだけでなく、縮むことで圧力までかけているのですから当然、ふくらはぎは太くなるわけです。

しかもハイヒールを脱いでからは「かかと重心」になるデメリットもあります。ハイヒールを履くと足首の角度が90°より大きくなりますが、脱いでからもそのクセが残ると、「浮き指」「巻き肩」の骨盤後傾姿勢になり、かかとに思いきり力がかかるのです。歩くときには必要以上につま先で地面を押してしまうので、ふくらはぎは輪をかけて太くなります。

ちなみに私のジムでは、骨格にも健康状態にも悪影響を及ぼすという理由で、トレーナーがハイヒールで出勤することを禁じています。

脚まわりを太くするクセとは？

よく「脚を組むと骨盤がゆがんで脚が太くなるから、組まないほうがいいんですよね？」と聞かれます。そんなことはありません。むしろ脚は適度に組んだほうが、脚まわりを細くできます。

なぜなら筋肉はねじれて、らせん状についているからです。まっすぐ歩くなど直線的な動きしかしないくらいなら、脚を組んで股関節のねじれを出したほうが筋肉は大きく伸び縮みさせられます。しっかりと伸び縮みさせたほうが柔軟性も高まりますから、より脚やせしやすくなるのです。

ただし組むときは、どちらか片方だけにクセがつかないよう両脚をまんべんなく使ってください。太ももの上にもう一方の太ももをのせる程度で行いましょう。足首までからませると、ねじりすぎで股関節の可動域がアンバランスになります。そこだけは気をつけてくださいね。

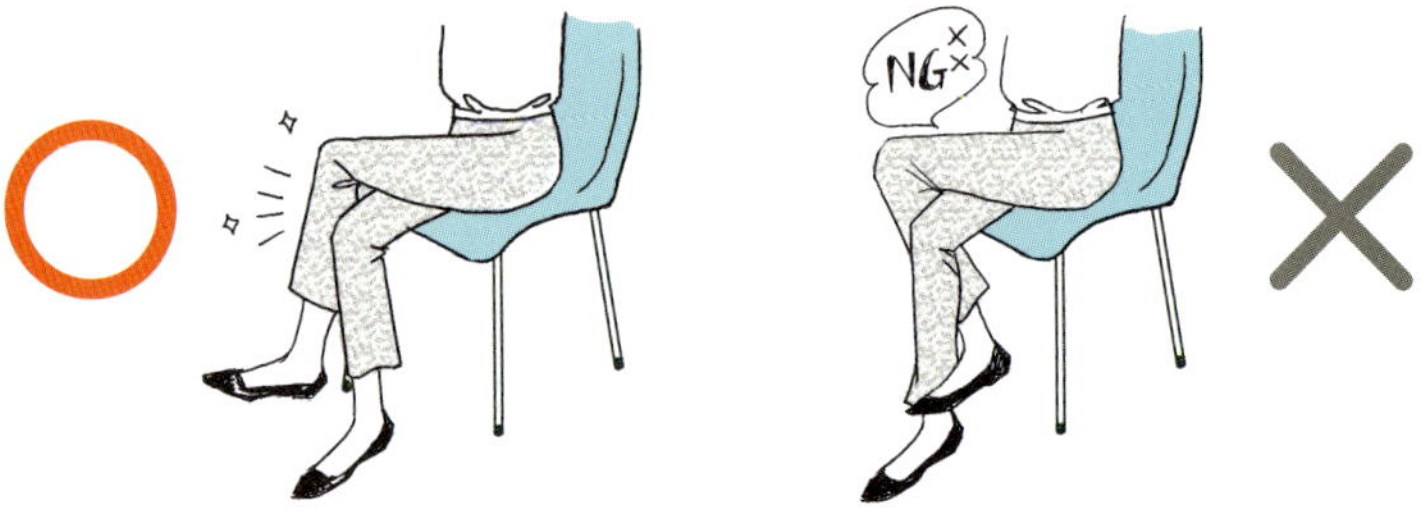

あきらめていた
パーツも
スルスル細くなる

chapter 4

究極の
二の腕・ヒップ
背中やせ
エクササイズ

二の腕 瞬間 サイズダウン

二の腕の筋肉を伸ばして、細い状態を形状記憶させるポイントは「筋肉が力を出した状態で伸ばす」ことです。

そのために使うのがタオル。

タオルを持つと「持つ力」が入ります。

この状態で二の腕を思いきり伸ばすので、普通のストレッチよりもしっかりと筋肉が伸びて細くなった形をキープできるのです。

Standby

背すじを伸ばして
まっすぐ立つ。
片手でタオルの端を持つ

Side

1 タオルを持った手を頭の後ろまで上げる

タオルをつかんだ手を頭の後ろに持っていく。

二の腕に伸びを感じながらひじを上げる

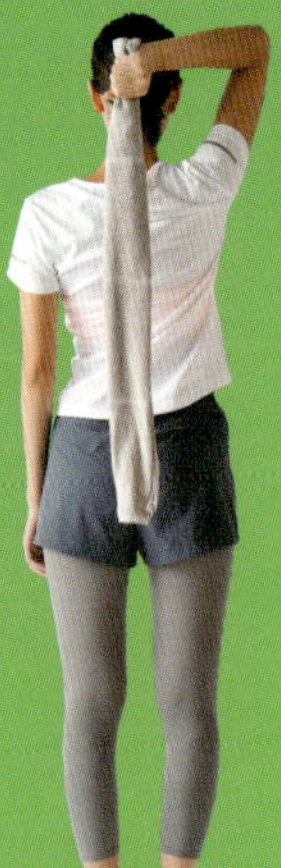

Side

2 もう一方の手で タオルの下方をつかむ

もう一方の手でタオルの下端をつかみ
上側の腕をまっすぐに伸ばす

3 タオルを下に 引っ張り 10秒キープ

下側の手でタオルを思いきり下に引っ張り
10秒キープ。
上側の腕が引っ張られる感覚を味わう

3回
行う

反対側も
同様に

二の腕の太さは「ひじの位置」で決まるものだった！

二の腕やせのポイントは「ひじ」の位置です。本来、肩・ひじ・手首は地面に対して垂直に伸びているのが正しいポジションですが、スマホ操作でも何か書くときでも、私たちは必ずひじを曲げます。でも、ひじをしっかり伸ばす動きは日常生活にはありません。これが二の腕を縮んだ状態にクセづけてしまい、普通に立っているときでもひじが曲がるように。腕の重みが前寄りになることが、前かがみの「巻き肩」や肩甲骨が上がって外に開いた「猫背」に拍車をかけるのです。こうした姿勢の変化は、腕を後ろに振る筋肉や肩まわりの筋肉まで硬くします。だから二の腕におそろしい勢いで脂肪がつくわけです。

そこで二の腕エクササイズでは、まず肩まわりをほぐして肩が前に出て肩甲骨が左右に開くクセをとります。次に肩甲骨を下げ内側に寄せる動きを取り入れたエクササイズで、こり固まった肩甲骨下部を動かします。

肩まわりがだいぶほぐれてきたら、腕を後ろに伸ばす動作で腕全体についたクセの解消に入ります。締めは、肩甲骨を下に動かし腕を正しい位置にキープするエクササイズです。この一連の流れを毎日行うだけで姿勢は矯正され、たるんだ二の腕はシュッと引き締められていきます。肩幅の広さも、じつは巻き肩が原因。だから肩まわりを華奢《きゃしゃ》にしたい人にも有効です。「見せたい腕」に変身する喜びを、ぜひ味わってみてください。

▼ひじが曲がったままだと腕の動きが悪くなる

「まっすぐ立って」と伝えても無意識にひじを曲げてしまう人は多いもの。ドアを開ける、車を運転するなど、日常にはひじを曲げる動作があふれていることが、その原因です。腕を後ろに振る・伸ばす動きで腕を一直線に戻しましょう

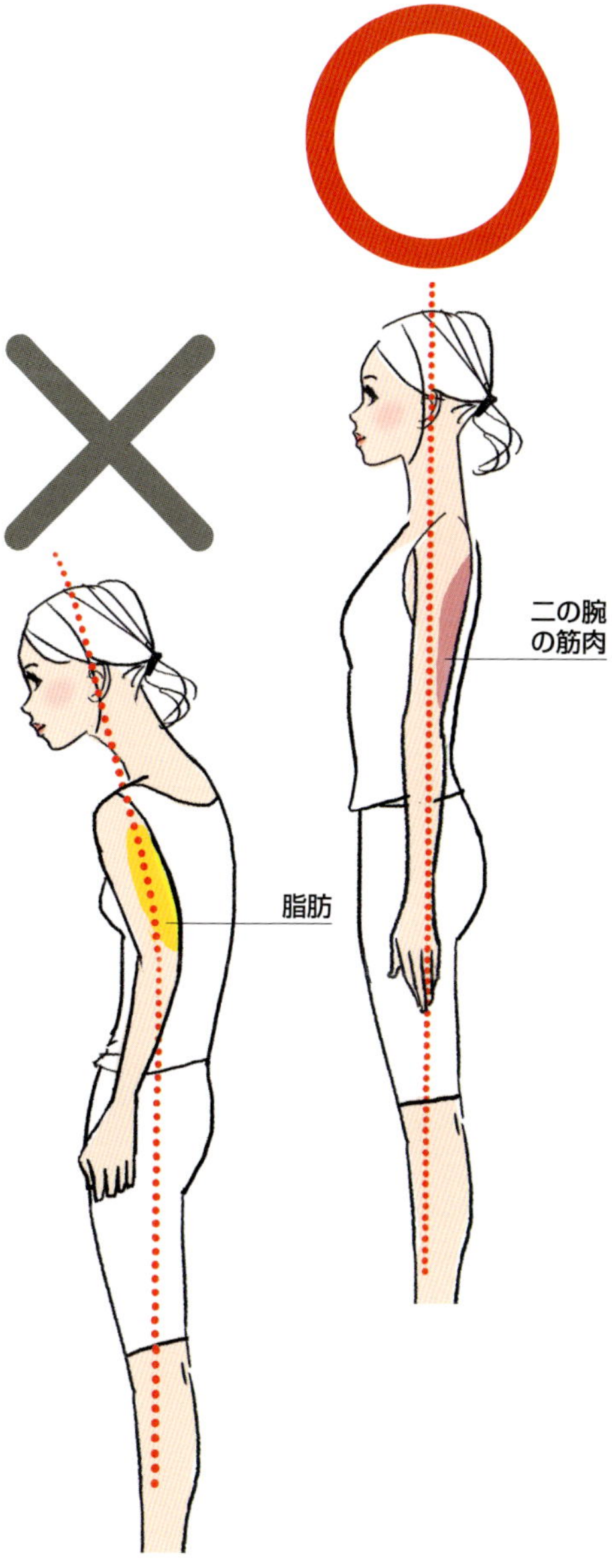

二の腕やせ

エクササイズ ▶ 1

腕を後ろに引く動作より前に出す動作のほうが多いので、
肩は前に出やすく肩甲骨は開きやすくなっています。
だからまず肩の位置を正さなければなりません。ここでは
肩周辺の筋肉を伸ばして、肩甲骨まわりのクセをとります。

1 四つ這いになる

足は腰幅、腕は肩幅に開いて
四つ這いになる。
手は前や後ろにいきすぎないように

足首を曲げる

2 頭を下げて おへそを見る

頭を下げ、のぞき込むようにして
おへそを見る。これを3秒かけて行う。
背中は丸まってもかまわない

3 頭を上げてななめ上を見る

ななめ上を見るようにして頭を上げる。
これを3秒かけて行う。
背中は反らせてかまわない

2〜3を
10回
行う

二の腕やせ

エクササイズ ▶ 2

肩甲骨が上がっていると肩の動きが悪くなり、
二の腕に脂肪がつきやすくなります。
二の腕を寄せて下げる動きを取り入れて、
肩甲骨を下げる筋肉を働かせ、脂肪をガンガン燃やしましょう。

1 ひざを床についた腕立てふせの姿勢になる

腕は肩幅、足は腰幅に開く。
腕に重心がのるように

2 ヒップを後ろに引いて上体を床に近づける

手のひらを内側に向けながら、3秒かけてヒップを後ろに引く。
上体を下ろしきったら3秒キープ

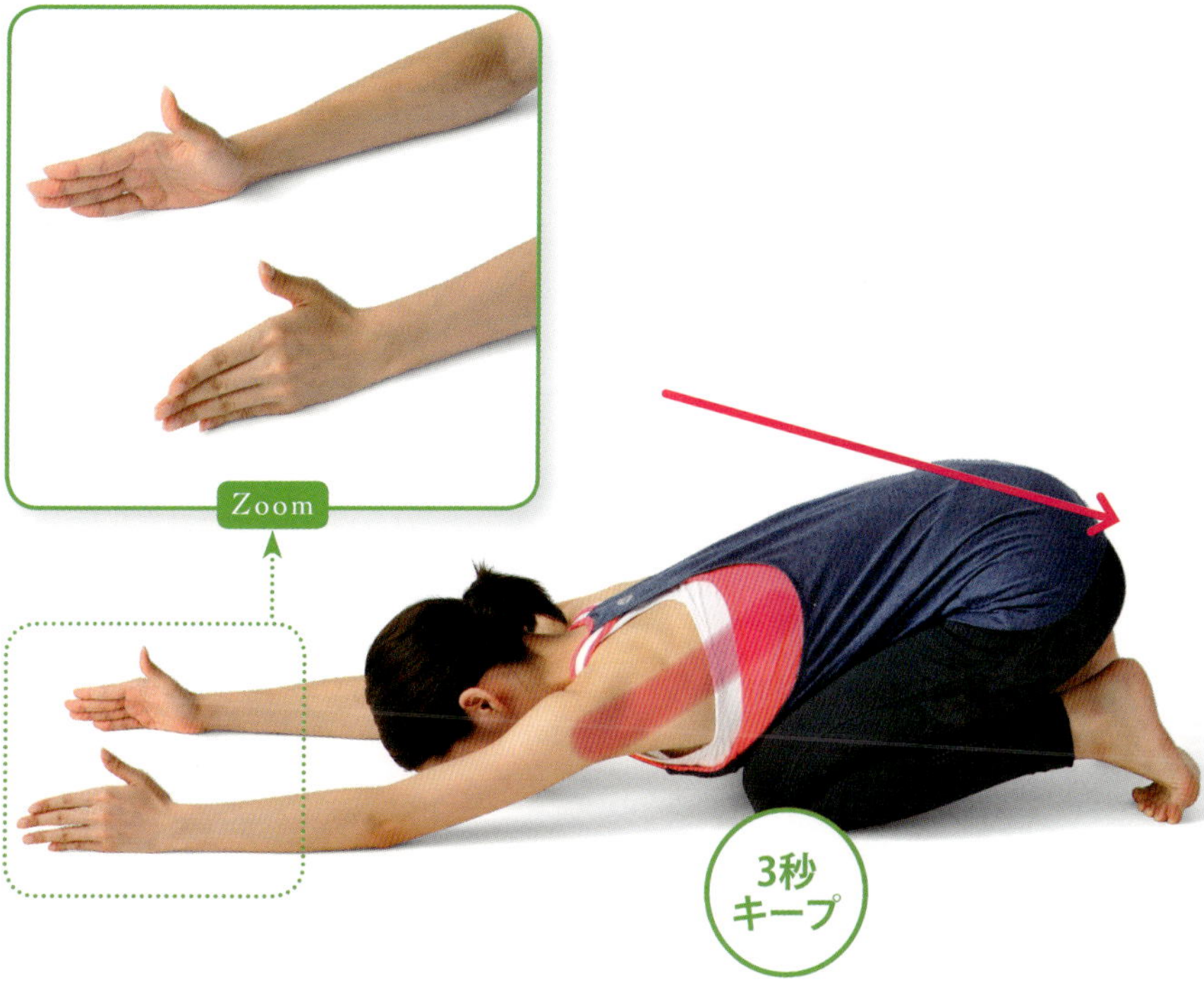

**10回
行う**

二の腕やせ

エクササイズ ▶ 3

腕を後ろに動かす動きは日常生活には少なく、
ひじを後ろに大きく引く動きはほぼありません。
ひじが曲がり肩の丸まった人が多いのはこのため。ここでは腕を後ろに伸ばして背中の筋肉を鍛え、腕についたクセをリセットしましょう。

Standby

足を腰幅に開き
イスに座る

1 上体を前傾させる

背すじは伸びていても丸まっていてもよい

2 ひじを曲げて親指を肩につける

ひじを曲げてわきを締める。手は親指以外軽く握り、親指を肩につけるように。このポーズがとれていれば親指が肩につかなくてもかまわない

3 ひじを伸ばしながら弧を描くように腕を後ろに振る

ひじが一直線に伸びきったところで6秒キープ

10回
行う

NG
腕を後ろまで
振れていない…
腕は後ろまで
大きく振ろう

二の腕やせ

エクササイズ ▶ 4

最後に、二の腕やせするポジションに筋肉や関節を定着させましょう。
ひじと肩がまっすぐの状態をキープするエクササイズです。
普段休んでいる背面の筋肉を活性化させるので、
エネルギー消費が大きくなるという、うれしい効果もあります。

Standby

足を腰幅に開き、
ひざを曲げて床に座る

1

ヒップを床から軽く浮かせる

手は肩幅にして体の後ろで床につき、ひじを伸ばす。
指はつま先と同じ向きに

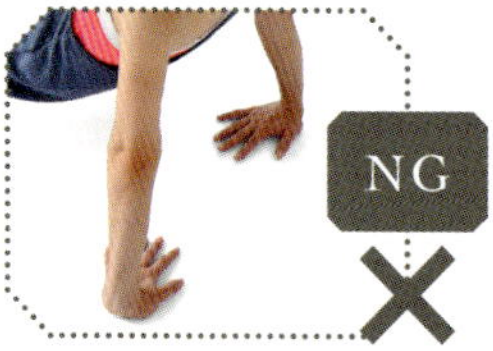

2 片手を床から離す

片手を離して3秒キープ。
床についたほうの腕は
ひじが曲がらないように

3 反対側も同様に

**2〜3を
10回
行う**

前後に2〜3歩ずつ
動きながら進むと
さらに効果が増す

Hard

Q 歳をとると二の腕がたるんでしまうのはなぜ？

A

肩甲骨下部の筋肉は、肩を介して腕までつながっています。肩甲骨の位置が下がれば、それに引っ張られて二の腕の筋肉や脂肪は引き上げられた状態に。こうして縮んで太くなった部分が引き伸ばされるから、二の腕は細さを取り戻すのです。しかも年齢とともに美しい姿勢を保つための筋肉は落ちるため、肩は前に出て肩甲骨の位置は上がるもの。結果、二の腕の皮下脂肪の位置が下がるので、二の腕は一気にたるんで見えてしまいます。

二の腕を引き締める秘策は、肩甲骨の位置をもう一度下げること。そのためには肩・ひじ・手首を一直線にし、きちんと後ろに腕を振れる体幹を取り戻すことが必要です。二の腕を引き締めようとして、歩くときにただ腕を激しく動かしたり、腕立て伏せなどをしたりしても決して細くなりません。筋肉と骨のつながりを利用して、頑張らずに引き締めていきましょう。

Q

重いバッグを毎日長時間持つと腕が太くなる？

A

結論から言うと「重いバッグを毎日持つと二の腕が鍛えられて太くなる」などということはありません。筋トレは、40〜60秒で限界がくる高めの負荷をかけて追い込むことで筋肉を太くする運動です。数時間歩くだけではムキムキにならないのと同じで、数時間持ちっぱなしでいられるくらいの重さのバッグなら低い負荷なので筋肉は太くなりません。筋トレとはまったく異なる運動です。

ただ、バッグを持っているほうの肩甲骨はバッグの重さで下がります。すると肩甲骨下部をしっかり使えるようになるわけですから、そちら側の二の腕は細くなる。両腕のバランスが気になるなら、バッグを交互に持ち替えれば、片腕だけ細いということはなくなります。

どちらにせよバッグは手で持つより、肩がけにしたほうがいいでしょう。「上がってくる肩甲骨を下げる道具」。そんなふうにイメージして、外出時間も部分やせタイムに変えてしまうのです。

ヒップ瞬間サイズダウン

このエクササイズでは、大臀筋の上部と中部の可動域を一気に広げて伸ばします。すると縮んで硬くなった筋肉の形が整い、瞬時にヒップアップできるのです。

さらに、ヒップの形が整う、うれしい効果も。

Standby

イスを背にし、
背すじを伸ばして立つ。
両ひじあたりをつかんで
肩の高さに

1

片脚立ちになり上げた足をイスにのせる

片ひざを曲げて後ろに出し、
片脚立ち。上げた足は後ろの
イスにのせる

2 上体を丸めながらしゃがむ

ひじをひざにつけにいくようにして
上体を丸める。
しゃがみこんだら３秒キープ

10回行う

反対側も同様に

イスがないときは

片脚を後ろに引いて床につき、
前足重心で上体を丸めてしゃがんだら３秒キープ。
10回行い、反対側も同様に

「硬さ」が四角くて大きいヒップをつくっていた

ヒップの大きさに悩んでいる人は、ずばりヒップの柔軟性が不足しています。反り腰などになりやすい「骨盤前傾」の人はヒップの筋肉の動き方が中途半端なため、その動き通りに筋肉がついて、ヒップが変形していきます。逆に「骨盤後傾」の人は、ヒップの筋肉をまったく使うことができず垂れてしまうのです。ヒップエクササイズでは、そのどちらにも対応できるようにヒップの柔軟性を上げ、きれいな丸みのあるヒップをつくっていきます。

まずヒップの筋肉をほぐし、股関節を後ろに動かすための柔軟性を上げていきます。次に、普段使わないヒップ側面の筋肉をめざめさせて準備完了。

そしてヒップで悩む人がもっとも苦手な動きを取り入れたエクササイズに挑戦です。ひざが直角になるくらいまでヒップを後ろに引くことでヒップ全体を刺激し、形を整えていきます。このエクササイズには脂肪を燃やす効果もあるため、さらなるヒップアップが可能となるのです。

ラストはヒップに関係してくる太もも裏から腰上までを連動させて柔軟性を高め、日常生活でもヒップを使える状態に定着させるエクササイズです。カエルのような姿になる動きでヒップの筋肉を大きく動かし、正しく使えるように調整していきます。通常動かさない部位をかなり動かすので、全身がほぐれて心地よさも広がるはずです。

▼日常動作でヒップ上部が動くことが重要

ヒップを後ろに引いたり脚を上げたりするのが苦手なのは柔軟性不足のサイン。苦手な動きで普段使わない部位をしっかり刺激するのがヒップやせへの最短ルートです。柔軟性チェックの方法は121ページでくわしく紹介します

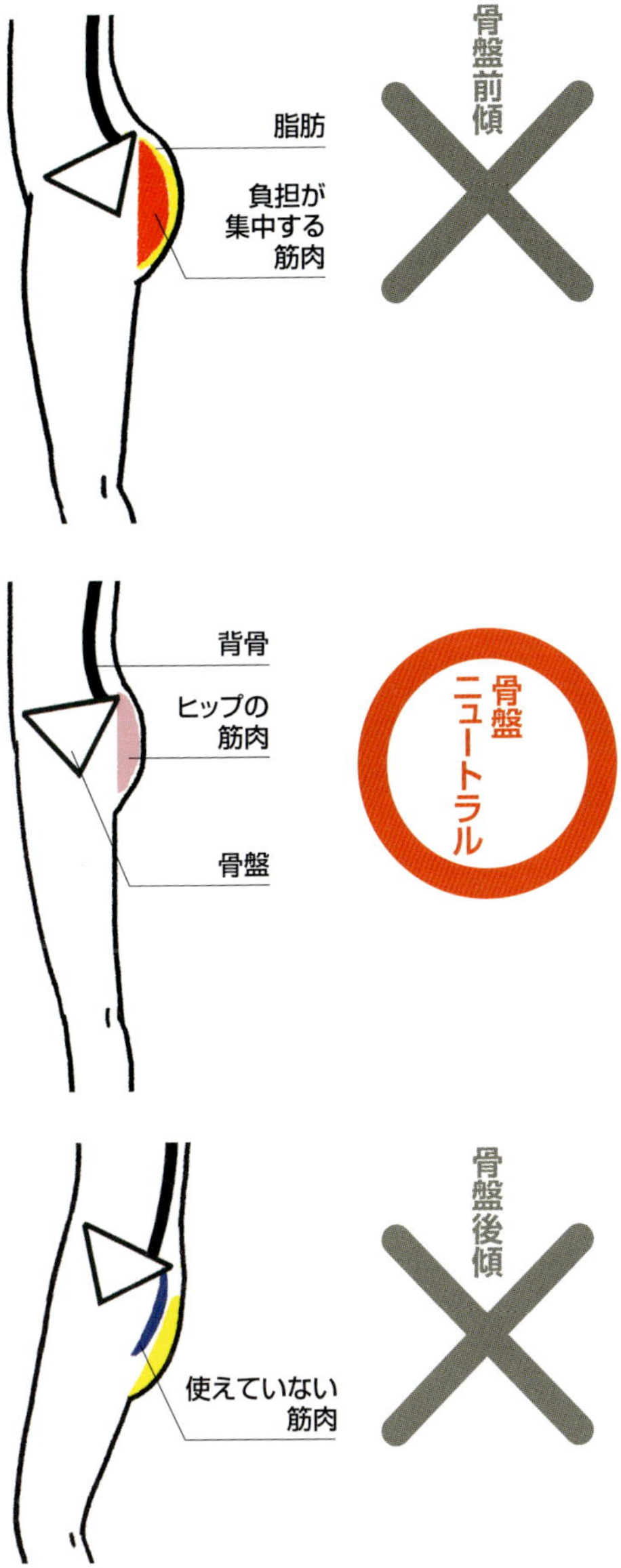

ヒップやせ

エクササイズ ▶ 1

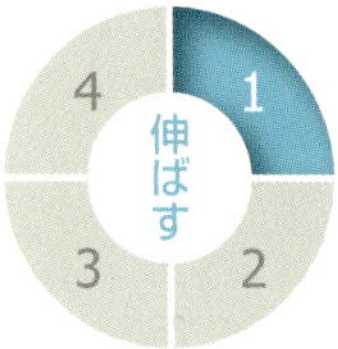

ヒップの柔軟性が足りないと、筋肉が変な形についたり
よけいな脂肪がついたりします。ヒップに悩む人は特に、
股関節の柔軟性がなくて脚を後ろに動かす動きが苦手なもの。
硬くなったヒップ周辺の筋肉を伸び縮みさせながらほぐしましょう。

Standby

うつぶせになり、
手の甲に
あごをのせる

Top

1 両足首と片ひざを直角に曲げる

あごが上がらないように
目線はななめ下に向ける

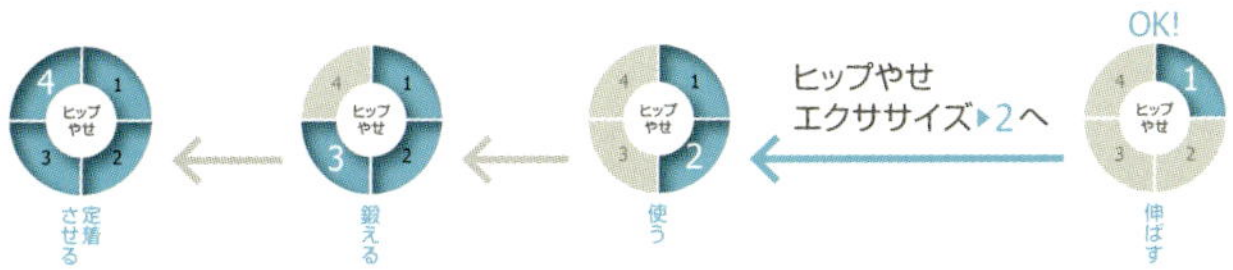

2 曲げた脚を真上に軽く上げる

無理に高く上げる必要はない。
3秒かけ軽く上下させる程度でかまわない。
反対側も同様に

10回行う

Top

足幅は変えないように

ヒップやせ

エクササイズ ▶ 2

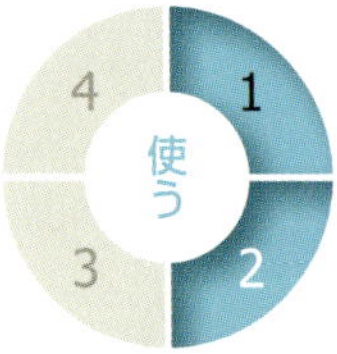

普段使わないヒップ側面の筋肉を使えるようにしましょう。
足首をクロスさせるのが、ヒップ側面をピンポイントで使うためのコツ。この姿勢で小指に力を入れると、
より効果的にヒップの側面を刺激できます。

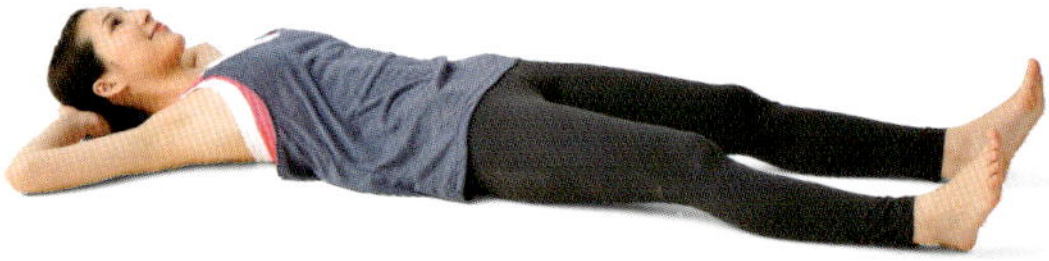

Standby

仰向けに寝て
手を頭の下に置く

1 ひざを曲げて足首をクロス

足の組み方は、どちらでもかまわない

Zoom

ひざは
こぶしひとつぶん
開ける

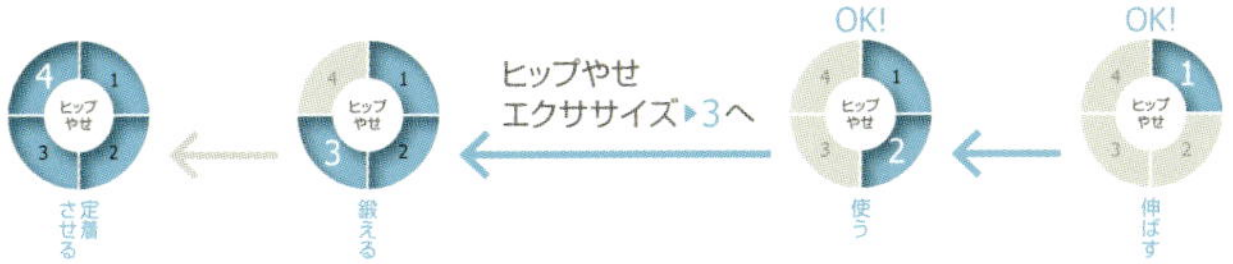

2 ヒップを浮かせる

上体が一直線になるまでヒップを浮かせて6秒キープ。
このとき体重は足の小指にかけるように

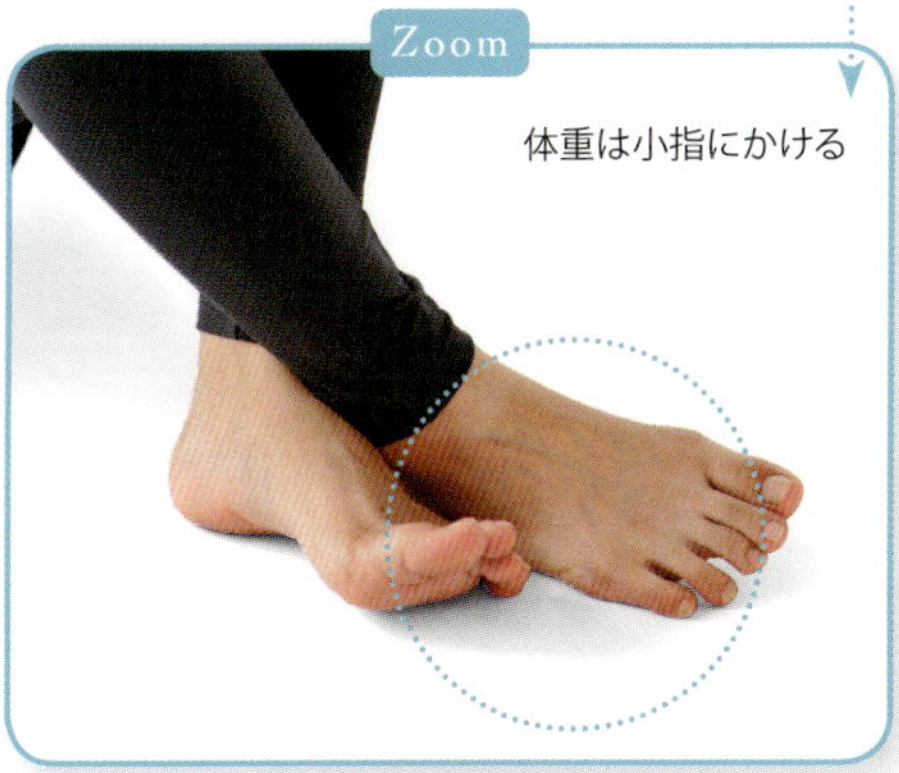

ヒップやせ

エクササイズ ▶ 3

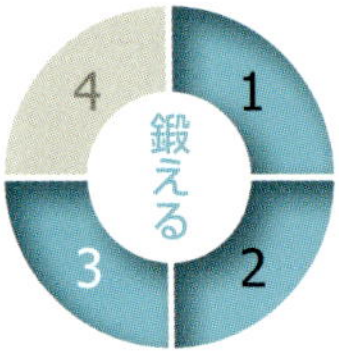

ヒップに悩む人は、ヒップを後ろに引く動きが苦手。
あえてその動きを取り入れてヒップを鍛えましょう。
腕を上げれば動きやすくなります。ヒップアップ効果のほか、
脂肪燃焼効果もある一石二鳥のエクササイズです。

ひじは下がらない
ように

Standby

背すじを伸ばして
まっすぐ立つ。
足は肩幅に

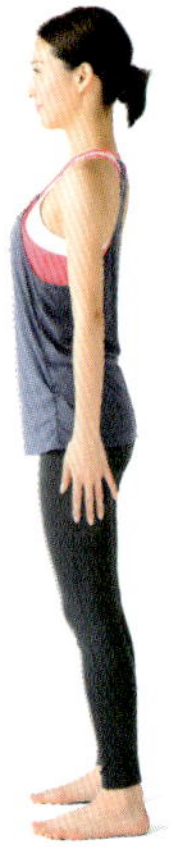

1

手でそれぞれの肩をつかむ

ひじはなるべく高く上げる。
高く上げるほど動きやすくなる

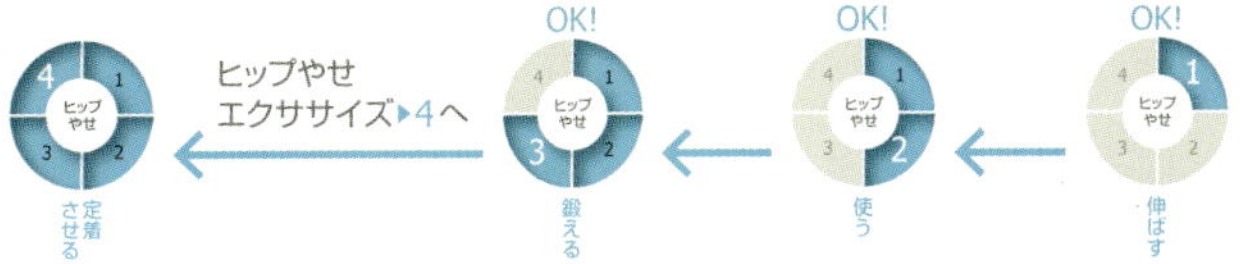

2

ひざが直角になる
くらいまで
ヒップを後ろに引く

3秒かけてヒップを引いたら3秒キープ。
ひざが内を向かないように

10回
行う

NG

上体が丸まる…
背すじは伸ばしたまま行おう

ヒップやせ

エクササイズ ▶ 4

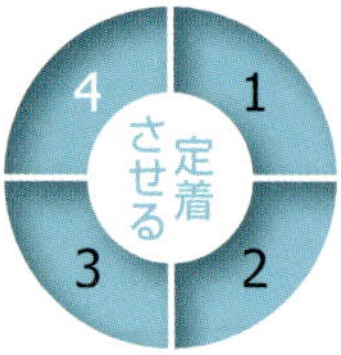

ヒップの筋肉と太もも裏・腰上の筋肉を連動させます。
このエクササイズを行うと、普段からヒップの筋肉をバランスよく使えるように。ゴツい筋肉やよけいな脂肪が落ちていくので、サイズダウン効果はバツグンです。

Standby

背すじを伸ばしてまっすぐ立つ

1

足を大きく開く

ひざとつま先は外側に向ける

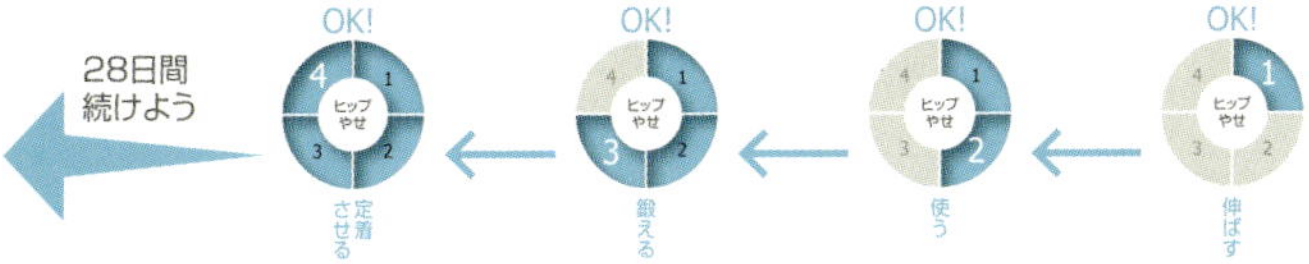

2

3秒かけてしゃがむ

ひじでひざを開くようにしゃがむ。
腕は肩幅で、
床と垂直になるように手をつく

OK
ひじでひざを押しながら
脚を開くように

Side

OK 腕は体の
近くに

× 腕が体から
離れる

NG

3

3秒かけて立ち上がる

2〜3を
10回
行う

Q 骨盤の幅は変えられる?

A

「骨盤がドーンと大きく見えて、イヤ」。そんな悩みを、よく耳にします。「骨盤の広さ」はパンツ選びに直結しますし脚を短く見せる一因となるので、やはりいくつになっても気になるもの。この原因は、じつは外ももです。ヒップではなく、外ももが横に張り出しているから腰まわり全体が太く見えてしまうのです。この張り出しをなくせば腰まわりはたちまち細く見えます。骨盤幅が広く見えないようにするには、ヒップエクササイズだけでなく太ももエクササイズにも取り組むべきでしょう。

ヒップがだらんと垂れていても、骨盤幅は広く見えてしまいます。ヒップのボリューム位置が高いほど脚が長く見えるのと同じで、骨盤幅も狭く見えるようになります。そのためヒップエクササイズでは、ヒップ上部の筋肉を鍛えることでヒップアップを目指していくのです。

Q ヒップの柔軟性って どうやったら確かめられる?

A

まずイスに座って、一方の足首を反対側の太ももにのせてみてください。このとき、上にのせた脚のひざは外側に向けましょう。そこから背すじを伸ばしたまま前屈をします。胸が脚につくようなら、ヒップの柔軟性は充分にある状態です。

しかしヒップに悩みをかかえている方の場合、ほとんどと言ってもいいほど胸は脚につきません。柔軟性のないヒップは、太ももやふくらはぎがどんどん太くなっていく原因にもなります。ヒップエクササイズでヒップまわりをまんべんなく刺激し、やわらかいヒップに変えていきましょう。柔軟なヒップは、下半身太りの解消にもつながるのです。

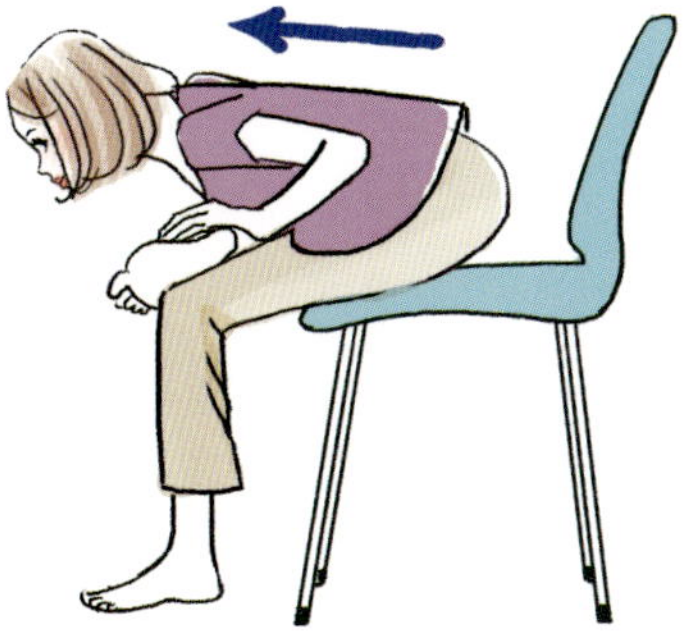

背中
瞬間
サイズダウン

背中を引き締めてサイズダウンするには、じつは太もも裏側の伸びが必要です。太もも裏が縮んだままになっていると、背中の筋肉をギュッと引き締めることができません。背中と太もも裏を同時に刺激して背中を引き締めましょう。

Standby

壁を正面に立つ

1

両手を壁につく

ひじを伸ばして両手を壁につく。
足は腰幅に

6秒
キープ

2 上体を前傾させて背すじを反らせる

手をついたまま上体を倒し、
背すじが伸びるところで6秒キープ。
目線は下に向ける

**10回
行う**

NG

背すじが丸まる…

背すじが丸まっていると背中の筋肉を充分に刺激できない

「肩甲骨の動き」が背中の脂肪を燃焼モードに変える

背中をスッキリさせたいときも大きく動かすことは欠かせませんが、うまく動かせない人がほとんどです。背中の脂肪は骨盤まわりや股関節の柔軟性、そして肩の柔軟性が落ちると一気についてくるもの。「背脂がのるのは中年から……」ではないのです。背中は自分では見えないですが、まわりからはよく見える部位。ほんの少しの努力で美しい姿勢にもなれますし、お腹やせ効果も期待できるのが背中やせエクササイズのメリットです。

最初のステップは、首の筋肉をほぐすこと。その理由は、首すじの筋肉が硬く縮んでいると肩甲骨が上がって、背中の動きを悪くするからです。背中をよく動かすには、まず首すじの筋肉を充分にほぐすことが必要なのです。次に肩甲骨を下げて刺激を与えるエクササイズ。これで、背中の筋肉をギュッと縮めながら動かせるようになります。しかも鎖骨まわりのこり固まった筋肉を伸ばせるという、うれしい効果も。

▼背中を引き締めるには、まず動くことが大事

こわばっている首すじや肩甲骨の下部や内側をほぐして、背中の動きをよくします。動きにくい部位ですが、最大限大きく動かすための工夫をエクササイズの随所に盛り込みました

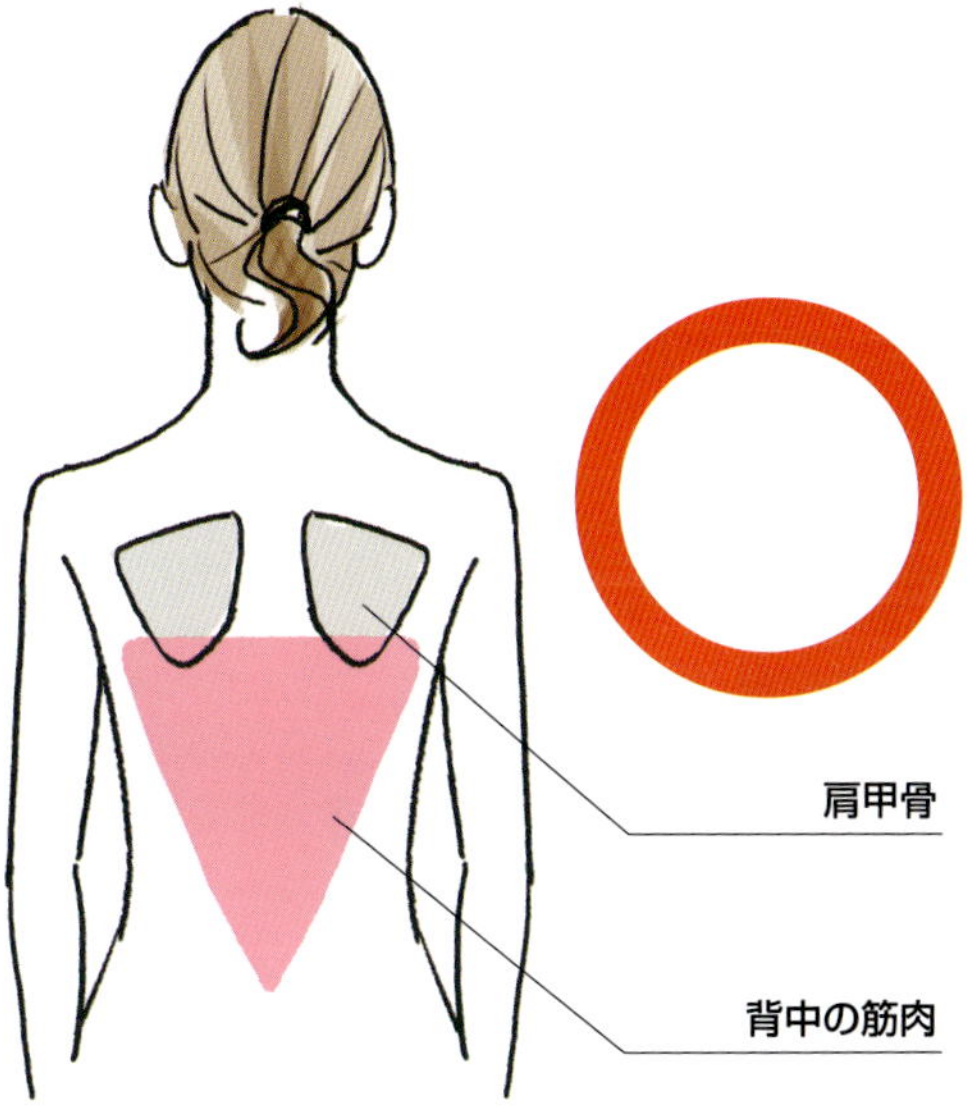

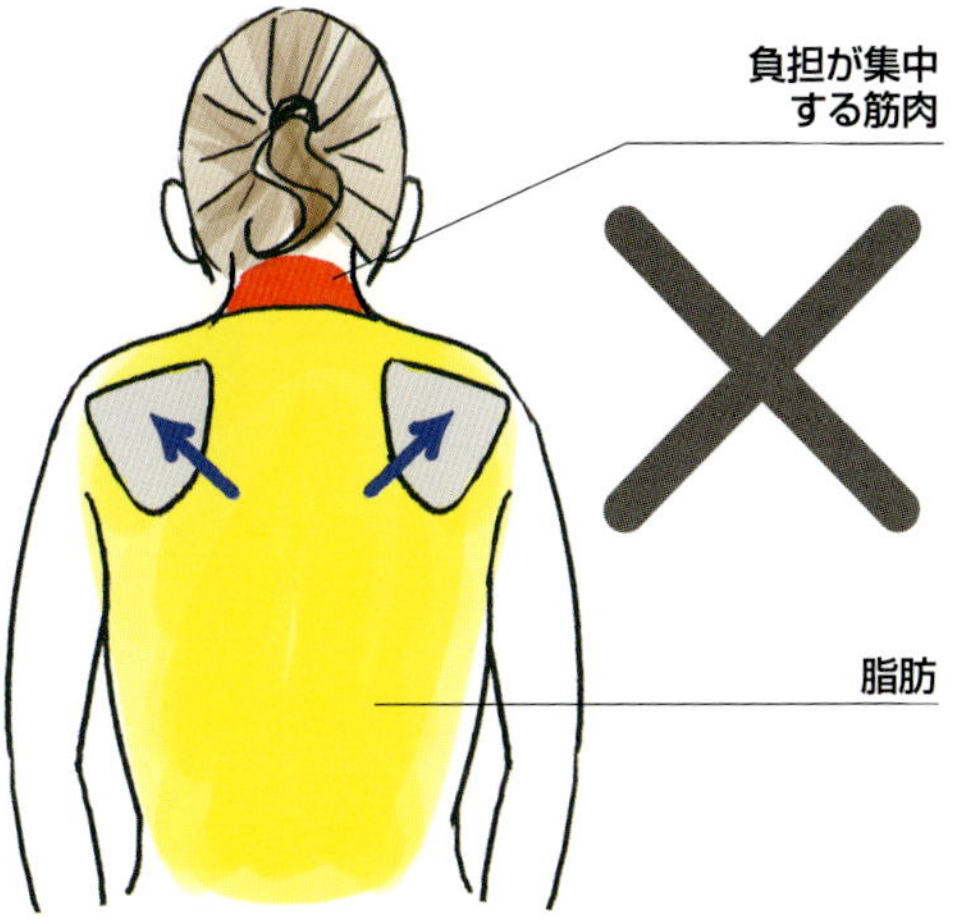

肩甲骨を下に動かしたら、次は内側に寄せるエクササイズです。ポイントは四つ這いの状態で手を少し後方に引くこと。こうすると2つめのエクササイズで下げた肩甲骨の位置を保てるので、肩甲骨下部を正しく刺激しながら、きちんと内側に動くようになります。最後は腕を片方ずつ動かすことで、最も大きな可動域で背中を刺激。代謝もグンと上がります。背中の引き締めは、若返り効果バツグン。見た目年齢が10歳若返る人もいます。

背中やせ

エクササイズ ▶ 1

首すじの筋肉が硬く縮んでいると、つられて肩甲骨が上がります。
すると肩が前に出て背中がどんどん大きくなるのです。
肩甲骨を下げやすくするために、まず首すじの筋肉を伸ばして
やわらかくしましょう。首こりや肩こりからくる頭痛にも効果大です。

Standby

背すじを伸ばして
まっすぐに立つ

1

体の後ろで両ひじをつかむ

肩甲骨が内に寄るのを
感じよう。肩をすくめない
ように注意

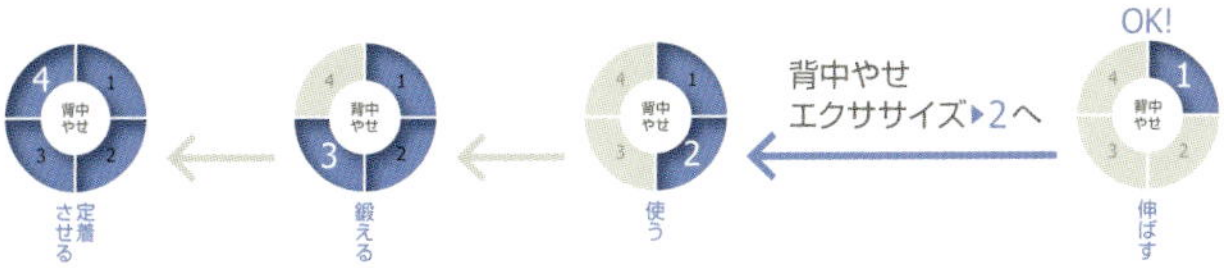

2
頭を真横に倒す

6秒キープ

NG 頭が前に倒れる…
真横に倒さないと首すじをしっかり伸ばせない

3
反対側も同様に

2～3を5回行う

片方のひじのあたりをつかむ。このとき頭は、曲げた腕の側に倒す

Easy

背中やせ

エクササイズ ▶ 2

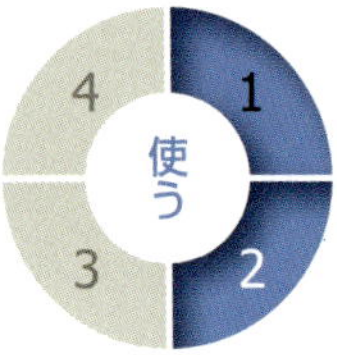

肩甲骨を下げる動きは日常生活にほとんどないので、
肩や背中まわりの筋肉を使って、肩甲骨を下げていきましょう。
鎖骨まわりの筋肉も伸びるので、
顔や首のリンパの流れがよくなり、小顔効果も得られます。

Standby

背すじを伸ばして
まっすぐ立つ

1

体の後ろで指を組む

手のひらは向かい合わせる。
指は組みやすいように
してかまわない

Side

Side

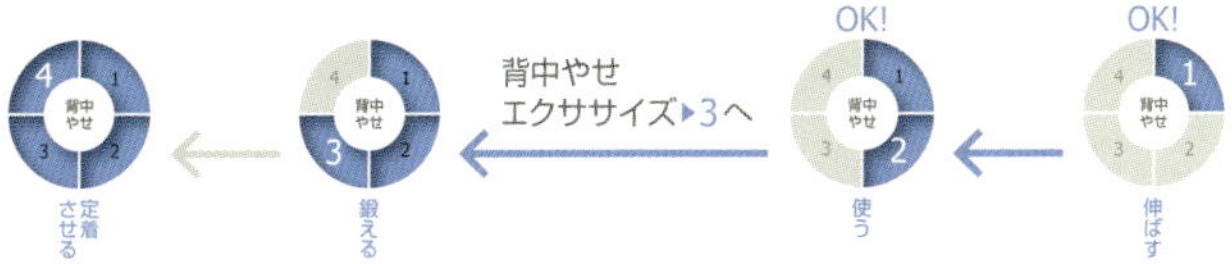

2

腕を下に引っ張り
6秒キープ

腕を下に引っ張る。
伸びたところで6秒キープ

10回
行う

背中やせ

エクササイズ ▶ 3

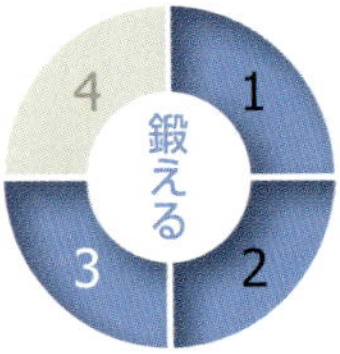

肩甲骨を寄せながら肩甲骨下部を鍛えて、
引き締まった背中を手に入れましょう。腕をおへそまで引くことと、
腕を引きすぎないことがポイントです。
大きく動かすことより、肩甲骨が動くかを意識しましょう。

Standby

四つ這いになる。
近くに水の入った500mlの
ペットボトルを用意する

1 片方の手で ペットボトルを持つ

床についた手の指先は前に向ける

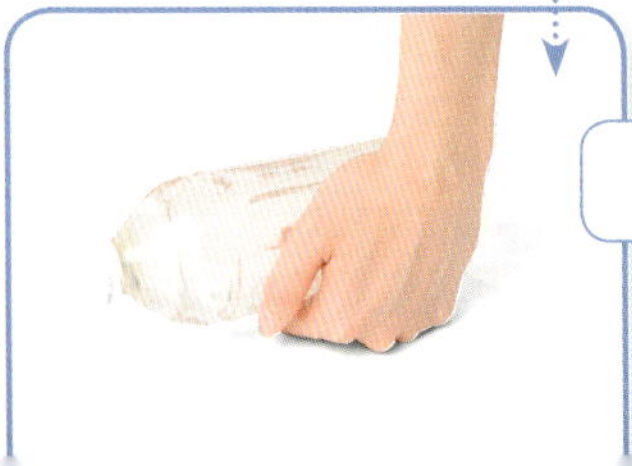

Point

ペットボトルは親指以外の
4本指で握る

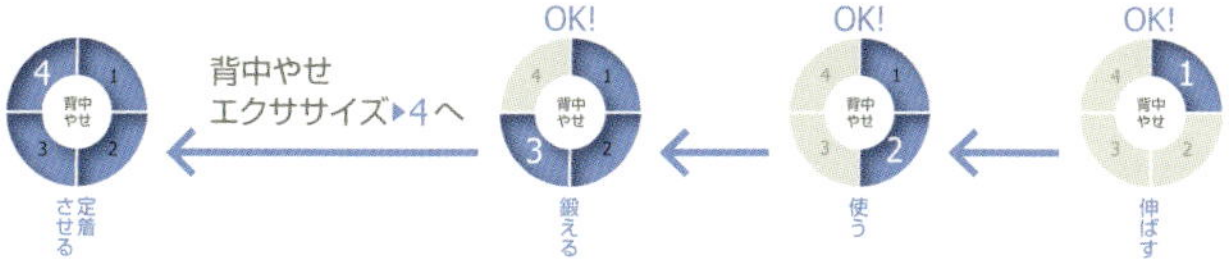

2 手をおへそに向かって引く

おへそまで手を引いたら3秒キープ

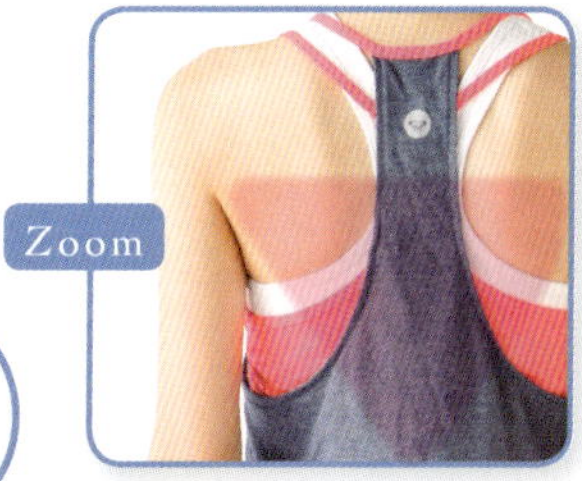

10回
行う

反対側も
同様に

NG

腕を大きく引く…

腕を引きすぎると体がねじれて肩甲骨下部を正しく刺激できない

背中やせ

エクササイズ ▶ 4

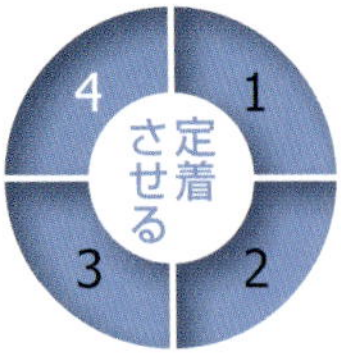

いちばん大きな可動域で背中を動かし、
肩甲骨と背中の筋肉をいっしょに使いながら
形状記憶させていきます。
片腕ずつ動かすのがポイントです。

Standby

背すじを伸ばして
まっすぐ立つ。
足は腰幅に開く

1 ひざを軽く曲げて上体を傾け 両ひざをつかむ

ひざを曲げて立つ。
ひじは伸ばして両手がひざにつくくらいまで上体を傾ける

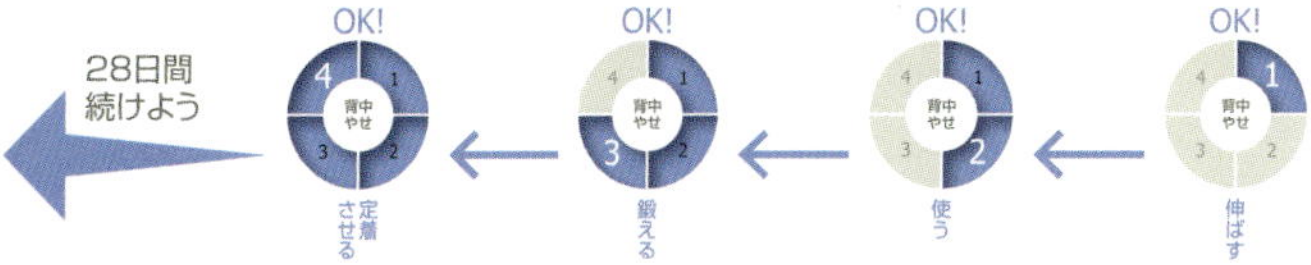

2 一方の手を反対側の肩におく

このとき、ひじは上げなくてかまわない。背すじは伸ばしたまま

3 もう一方の腕をななめ上に振り上げる

腕をななめ上に、
弧を描くように振り上げる。
親指は上に向ける

Q 下着の上に肉がのってしまう

A

ブラジャーやショーツにお肉がのるようになるのも、きれいな姿勢を保つ筋肉の衰えが原因です。ここが衰えてくると、骨盤は後ろに傾いて肩甲骨は上がります。そうすると骨盤も股関節も肩甲骨も柔軟に動かなくなり、そのまわりにはどんどん脂肪がついてしまうのです。

「背中太り」の初期段階にあるかどうかは、立ち姿を横から見れば判断できます。背すじが丸まっているようなら、危険信号。そもそも背中は年々動きが少なくなっていく部位なので、脂肪がつき始めたら歯止めがききません。最近では若い世代でも、背中太りを気にする人は増えています。背中の引き締め方を相談される機会も、急激に増えました。もし背中のラインが気になってきたら、早め早めに手を打ちましょう。

Q 背筋運動はしたほうがいい？

A

「背中にお肉がついてきたら、背筋運動を一生懸命やればいい」。これも大きな間違いです。そもそも背中の脂肪に悩む人は、普段から背中の筋肉を使えずに、腰まわりの筋肉に頼っています。そのまま背筋運動をしても、結局働くのは使い慣れて発達している腰の筋肉。つまり腰だけがさらに鍛えられ、背中の筋肉はまったく働かなくなるのです。これでは筋肉も落ちる一方で、背中の脂肪は一向に燃やせません。筋肉が落ちると骨盤も傾きますし、肩甲骨も浮いてきてしまいます。そして結局は全身に悩みを抱え、どこから体を調整したらいいのかわからない状況に。

各パーツやせをするにも、背中は「土台」として非常に重要だということを覚えておきましょう。もし体幹リセットを済ませずに「部分やせ」からトライするのであれば、最初に背中やせエクササイズをしてから各パーツのエクササイズを始めたほうが、成果は出やすくなります。

こんなクセがヒップを大きくする

家ではスリッパ、外出するときはサンダル。この習慣、じつはヒップを大きくします。

スリッパやサンダルはかかとが固定されていないぶん、確かに足がラクかもしれません。しかし脱げないように歩かないといけないため、無意識のうちに重心が低くなって「かかと重心」になり、多くの人はすり足に。すり足は偏った姿勢で全体重を支えることにつながります。それが続くとヒップ下部に大きな負担がかかり、ヒップ下部が大きくなるのです。ヒップと太ももとの境目がわからない……という人の多くは、この状態です。

91ページでご説明したヒールの高い靴も、ヒップやせの大敵。履いているときに「つま先重心」になっていた反動で、脱ぐと思いきり重心位置が落ちて「かかと重心」になるからです。すると、スリッパやサンダルを履いているときと同じ状態に。下半身がどうしても気になる方は、かかとが固定され、なおかつヒールのないスニーカーのような靴を普段履きにするのがおすすめです。

もっと
くわしく知りたい

chapter 5

体幹リセットエクササイズを大解剖

ダイエットの鉄則をすべて兼ね備えた「体幹リセットエクササイズ」を徹底解剖

そもそも部分やせしたくなるような部位は、筋肉が偏った使われ方をすることで生じます。そこを引き締めるには、うまく使えていない体幹の筋肉を大きく動かし、使われる筋肉の偏りを体の中心から修正するのがいちばんです。

すでにある程度「モデル体幹筋」を使える人なら、パーツの「やせグセ」はすぐに定着します。ベースが整っているので、そこからパーツの動かし方を正していくのは簡単です。たとえば掃除でも、部屋に散らかった物を片づけてから床掃除をしたほうが、いきなり掃除機をかけるよりも早く終わるはず。ここでは基礎の振り返りとして「体幹リセット」をこれまで実践くださった方から寄せられた疑問などを踏まえ、確実に効果を出すためのポイントをご説明いたします。

さらに「動画で動きを確認したい」「テンポなどについてもくわしく知りたい」とい

体幹リセットエクササイズは動きやポーズの一つひとつに、やせ効果を発揮する工夫を施しました。
ポイントを確実に押さえることで効果も大きく変わってきます。
それを本章では徹底的に解説するので、これから始める人も、
一度挫折してしまった人も必見です。

う声に応えるために、動画もご用意しました。気になる方は、スマホなどでＱＲコードを読み込めば確認できるので、ご活用ください。

５つのエクササイズのすべての動作や順番に意味と役割があります。体のこの部分をこう動かすと、この筋肉が働く。そういったエクササイズの「理」を押さえて取り組むだけで、効果は驚くほど上がります。

以前、取り組んでみてわからないところがあった方は、ぜひ再チャレンジしていただければ幸いです。また体幹リセットをまだ経験されていないという方には、この機会にトライしていただきたいと思います。

大解剖

EXERCISE 1

下半身をスリムにする 骨盤リセットエクササイズ

1 5 EXERCISES MAKE YOUR BODY

10秒ごとに
足を組み替えて
1分行う

効果と動きのポイント

骨盤・ヒップ上部・内ももを刺激して、正しい姿勢の土台をつくります。大切なのは脚を高く上げることよりも、脚を閉じる動きとクロスさせる動き。前者がラクな人は骨盤前傾、後者がラクな人は骨盤後傾の傾向が。ここでは、どちらの動きも行うので骨盤の前後バランスが整います。呼吸は自然に行いましょう。

NG

あごが出る…

首に過度な負荷がかかりやすく
呼吸を続けにくくなる

×

NG

あごが上がる…

首の筋肉を過度に圧迫するので、
目線は真下に向けよう

×

NG

ひざが曲がる…

ひざは伸ばしたほうが太もも裏側を刺激できる

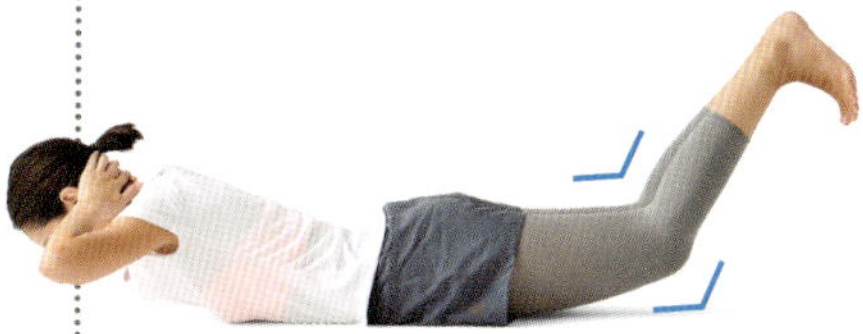

Easy

つま先が浮けばOK

OK

足の組み方はどちらでもOK。組みやすいように足首をクロスさせよう

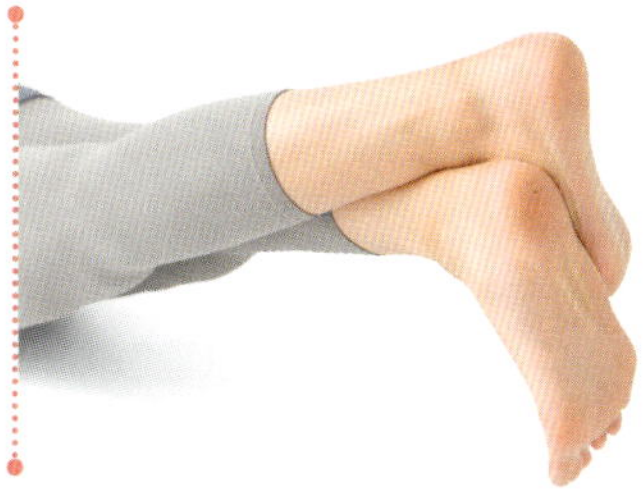

NG

手で頭を押さえつける…

首に力がかかり呼吸もしにくくなるので
気をつけよう

Easy

耳の横に手を添える

首や頭に負担がかかりにくくなる

大解剖

EXERCISE 2

ヒップをキュッと上げる ヒップリセットエクササイズ

6秒上げるのを 10回くり返す

効果と動きのポイント

ガニ股のポーズで、普段使えていないヒップ上部と横の筋肉を刺激してヒップを引き締めます。骨盤を安定させる筋肉も使うので、エクササイズ1で整えた骨盤の角度を定着させる効果も。注意したいのは、手とあごが離れること。あごが浮くと腰の反りが強くなって、腰の負担になります。呼吸は自然に行いましょう。

OK

足の組み方はどちらでもOK。組みやすいように足首をクロスさせよう

あごは手から離さない。
離れやすい場合は額を手につけるとラクにできる

NG

OK

Easy

Easy

脚は少しでも床から浮けばOK。上げすぎると腰に負担がかかりやすい

EXERCISE 3

くびれをくっきりさせる肩甲骨リセットエクササイズ

5 EXERCISES MAKE YOUR BODY 3

片側を3秒上げる動きを10回くり返し、反対側も同様に

効果と動きのポイント

くびれができない原因のひとつである「肩甲骨が下がらない」を解消します。大事なのは、ヒップを浮かせることより肩を上下させないこと。ヒップはほんの少し浮くくらいでいいので、肩の位置だけは死守しましょう。手でイスを押すとやりやすいはずです。

NG

太ももだけ上げる…

ヒップが上がらないと肩甲骨下部を刺激できない

NG

上半身が前に傾く…

上半身が傾くとヒップを刺激できない

肩が動くのはNG。手でイスを押すとやりやすい

NG

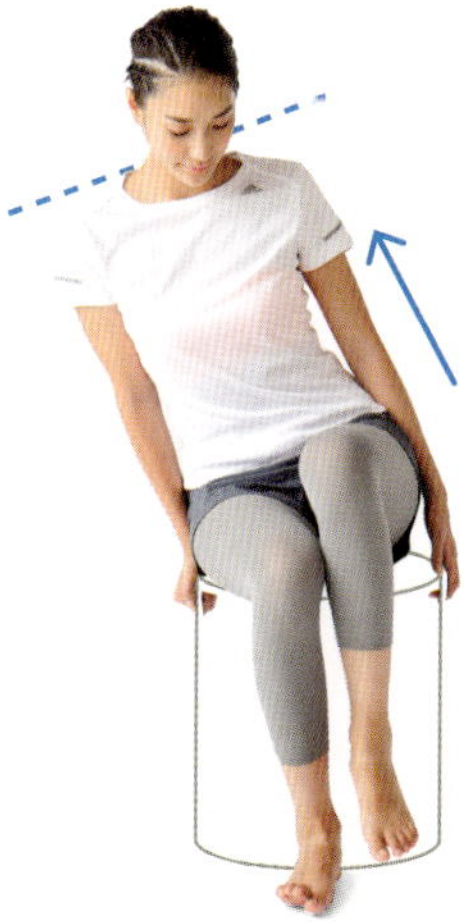

OK

EXERCISE 4 体幹をキュッと引き締める肋骨リセットエクササイズ

6秒上げるのを10回くり返す

効果と動きのポイント

お腹の筋肉や、息を吸うときに使う「吸気筋」を動かして肋骨のゆがみをリセットします。背中側がキツく感じたら、正しくできている証拠です。「腕が上がらないかも……」と心配な人も、エクササイズ1から3を順番に行っていれば肋骨もスムーズに動くので、ご安心ください。

NG

ひじと上体の距離が近い…

距離が近いと肩の動きが制限されて
腕を上げにくい

OK

ひじを上体から離す

ひじを上体から離すと腕を上げやすくなる

NG

二の腕をつかむ…

二の腕をつかむと、頭を通しにくい

OK

ひじをつつむようにしてつかむ

ひじをつつむようにすると、頭を通しやすくなる

EXERCISE 5

全身のバランスが整う 全身リセットエクササイズ

5 EXERCISES MAKE YOUR BODY
1 2 3 4 5

3秒かけてしゃがみ
3秒かけて立ち上がる。
これを10回くり返す

効果と動きのポイント

エクササイズ1～4で刺激した筋肉を総動員させて、つねにきちんと働くように定着させるエクササイズ。しゃがむときは足を床についたまま首まで丸めて、背面の筋肉をすべて動かします。立ち上がるときは前面の筋肉をすべて使うために顔は軽く上を向き、足も軽くつま先立ちをします。

Easy

一度かかとを床につける
直立してからつま先立ちをすると
ふらつきにくい

OK

手は足の内側についても
外側についてもかまわない

Easy

ガニ股にする
ガニ股にするとしゃがみやすくなる。
それでも難しい場合は、
やや効果は落ちるが、
かかとを床から浮かせよう

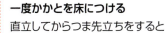

体幹リセットダイエットは男性でも効果があるか

はい、もちろんです。下腹など部分的に脂肪がついてしまう理由やしくみは男性も女性もいっしょで、きれいな姿勢を保つ筋肉が衰えてくる時期も、ほぼ同じ。ここが衰え、関節や筋肉の動きが悪くなることが原因で太るのですから、男性でも体形が気になる方は、まずは体幹リセットダイエットから取り組んでほしいと思います。

ただ男性の場合、女性よりも股関節が骨盤に深くはまっています。そのため基本的には骨盤が後傾ぎみ。そうすると猫背になりやすく、お腹には真っ先に脂肪がついていきます。

とはいえ男性は筋肉をつくるホルモンが女性の約20倍ありますから、体幹リセットですばやくお腹をへこませられるのは、じつは男性のほうかもしれません。初めてトライするダイエットは体にとっても新しい刺激ですから、大きな効果が出やすいもの。ダイエット未経験の方にこそ、ぜひ挑戦してほしいと思います。

”どうしても
やせられなかった、
あなたに。

appendix

結婚式の前にどうしても「あと4キロやせたい」とおっしゃる20代女性のクライアントがいました。**その女性はまさしくさまざまなダイエットをやりすぎて、もう何をしても効果が出ない状態でした。**ダイエットは体を外から内から刺激するものですから、その刺激に慣れると効果は出ません。食事は朝セロリを3本食べて、おしまい。どうしてもお腹が減ったときだけアメをなめる。水もあまり飲まない。でも加圧トレーニングと筋トレは続けている。普通に考えれば、もう充分にスリムな体になっているはずでした。でも、本人の目標には到達していないのです。

「結婚式まで2か月半しかないので、どうしたらいいでしょうか？」

何をしてもうまくいかず心が折れ、不安とあせりで涙ぐむ女性に私は言いました。

「あなたは食事をきちんととって、基礎代謝を上げてから運動すれば、絶対にやせます。まず食べて体重を増やしてから、絞っていきましょう」

こんな体ではイヤだ。

体形の悩みは人それぞれですから、頑なになる気持ちも、よくわかります。しかし飲まず食わずで体重の数値を下げることに躍起になっても、それは決して「美しくやせる」ことにはつながりません。フルーツや花をカサカサに乾燥させて軽くしたとしても、きれいではありませんよね。それと同じです。

その女性には、まず1日3食きちんととるように話しました。朝はビタミン摂取を兼ねてフルーツ、少量でも食物繊維たっぷりで食事量を減らしても便秘にならない小麦ブランたっぷりのシリアル、さらに筋肉を落とさないためのたんぱく源を。昼、夜はたんぱく質をきっちり摂取できるメニューに即、変更しました。その結果、彼女は1か月で10キロ体重が増えました。が、それによって基礎代謝は正常に。さらに体幹リセットで姿勢のクセも矯正していったので、何をしてもやせなかった体が一気にやせモードになり、1か月半後には、なんと12キロもきれいに減量できました。目標には惜しくも達しなかったけれど、理想的な体形と肌のみずみずしさを手に入れたことで、彼女はいきいきとした表情を取り戻しました。

週に4日は有酸素運動、そして2日はパーソナルトレーニングをやっている、かなり健康オタクな女性を指導したこともあります。**ある日その女性は1日で8キロ太ってしまいました。**「あり得ない」と思われるかもしれませんが、5万人を直接指導しそれぞれの悩みと向き合っていると、極端な例は出てくるもの。当時は私も驚きました。

なぜ、そんなことが起きたのでしょうか。

女性の体は、ホルモンバランスの変化によって卵胞期・排卵期・黄体期・月経期に分けられます。ハードなダイエットをくり返していると、ホルモンバランスはどんどん崩れて体重の変動が大きくなるもの。この女性の場合、生理前の黄体期に黄体ホルモン（プロゲステロン）が過剰に分泌され、体温が上がって急激に水分をため込んでしまったようです。

その女性は朝から晩までバリバリ仕事をしてから夜ジムに来て、23時にジムを出る。帰宅してからは鶏肉を少しだけ食べるという生活をくり返していました。

これでは当然体に過剰なストレスがたまっていきますし、ホルモンバランスもおかしくなる一方です。このときも私が指導したのは、まず体と心の健康を害さない食事を心がけることです。その結果、この方は3日で元の体重に戻りました。

✣ ✣ ✣

これまで体幹リセットダイエットに取り組まれた方々からも、たくさんの声を頂戴しています。体幹リセットを始めた途端に8キロも体重が落ちたという方もいました。

しかし体幹リセットをやっても、まったく何も変わらなかったという方もいます。なかなか体重に変化が表れず、「最後の望みをかけて取り組んだのに……」と落胆して、途中でやめてしまったという方もいます。

体重が8キロ落ちた方は「体のクセ」をリセットできるのが早かったのでしょう。最初に姿勢のクセをとり、筋肉の偏った使い方のクセをとることは、とても重要です。それは「やせるための基礎づくり」ですから、一生太らない体でいるための財産になります。**しかしクセとりにかかる日数は、本当に人によってさまざま。他人と競うものではありません。**

ダイエットをしているのに全然細くならないし、体重にも変化がない。そういう「やせにくい人」には共通項があります。それは多くのダイエットを少しずつ〝つまみ食い〟してきて「ダイエットグセ」がついているということ。

食事はセーブし、水もあまり飲まない。そんな状況では良質な筋肉はできませんし、エクササイズの効果も出ません。にもかかわらず焦って多くの運動に手を出していくと、筋肉はますます刺激に慣れて省エネモードになります。すると当然、運動の効果はダウン。これでは自分から「負のスパイラル」に飛び込んでいくようなものです。

ダイエットグセをリセットするには時間がかかります。だから、すぐに効果が出なくても焦らず続けてみてほしいのです。それ以外に、一生続く「ダイエット難民」から抜け出す方法はないのですから。

やせるために目標を設定することは大切です。でも、あまりに無理な目標を設定したり期待が高すぎたりすると失敗します。そして心まで折れてしまう。大事なのは、「やせる」と決めた期間中に「何キロやせたか」よりも「何が変わったか」を楽しむことです。「姿勢がよくなった」「体が軽くなった」「いつも感じていた痛みがなくなってきた」。そうした体の小さな変化に敏感になれば、エクササイズも続けやすくなります。そのほうが結果として「やせる」という最終目標にも、圧倒的に到達しやすいのです。

「絶対にやせられない人」の多くは、いつも体重の増減ばかり気にしています。

目標は2週間で10キロやせること。そしてエクササイズを一生懸命やったけれど、1キロもやせなかった。「なんだ、だめじゃない。もうこの方法、や～めた」。数値だけで判断していると、数値が思い通りに下がらないだけでモチベーションが消えます。すぐにやっていることを放り出してしまうため、いつまでも「ダイエット難民」としてさまよってしまうのです。

でも考えてみてください。

自分の設定通りに体重を落としてくれる魔法なんて、この世に存在するわけがありません。自分の体を変えていくのは、自分です。体幹リセットにおいては、まず姿勢を整えることを大事にしています。体幹の筋肉を使って、きれいな姿勢をとれるようになれば、代謝も上がって体形も変わる。すぐに体重が落ちる方がいる一方で、変化が体重に反映されてくるのはそこからという方も多いのです。

体重がどうしても気になる人は、週に1回測定するくらいでいいと思います。そして1か月のなかで調整すればいいのではないでしょうか。私は体重の管理は、家計の管理と同じように考えていいと思っています。収入と支出を1週間ごとに把握し、1か月間のトータルで管理していく。それと同じように体重も1か月のトータルで「体重増」になっていなければいい。そのくらいの気持ちでいるのが、いちばんストレスがたまらなくて続けやすいと思うのです。どうか体重に縛られないでください。私も陸上競技に取り組んでいたときは体重の変化に一喜一憂し、何の成果も得られず涙し続けたひとりです。小さなつまずきに心を閉ざさないで、体の変化を日々感じてください。成功しやすいのは、たとえ小さな変化でも喜べる人なのです。

体形の悩みに立ち向かう。これは一生付き合う体のことなので、とても大切です。見た目が変わると、やはり人の印象も変わるもの。そして自分のなかの「自信」も変わってきます。自信を持って輝きながら生きる人は、いくつになっても年齢を感じさせません。

「いま」をかっこよく生きましょう。
「いま」を存分に楽しみましょう。

「体幹リセット」「究極の部分やせ」の存在意義は、それを実現するためにあるのですから。

佐久間健一（さくま・けんいち）

パーソナルトレーナー。ボディメイクトレーナー。

世界的なミスコンテストであるミス・インターナショナル、ミス・ワールドの日本代表をはじめ、モデルから一般人まで幅広くボディメイクを行う。ミス・インターナショナルではアメリカ、フランス、イギリスの代表者にも指導を行った。芸能事務所から依頼を受けることも多く、業界内で信頼を得ている。テレビ出演や雑誌の監修も多数。モデル体形ボディメイクスタジオ「CharmBody」の代表を務め、表参道、銀座、名古屋、大阪、ニューヨーク、ロサンゼルス、シンガポール、上海にパーソナルジムを展開。また、ボディメイクストアをパリ、ロンドン、ミラノ、シドニーに展開。学生時代よりトレーナーとして指導実績を積み、最高件数は年間4000件、ひと月最高436件。アメリカ・コロラド州のNSCAにて運動生理学を修得。著書に『モデルが秘密にしたがる体幹リセットダイエット』（小社）などがある。

「CharmBody」公式サイト　http://charmbody.com

体幹リセットダイエット
究極の部分やせ

2019年1月10日　初版発行
2019年1月15日　第2刷発行

著　者　佐久間健一
発行人　植木宣隆
発行所　株式会社サンマーク出版
〒169-0075　東京都新宿区高田馬場2-16-11
電話　03-5272-3166（代表）
印　刷　共同印刷株式会社
製　本　株式会社若林製本工場

ISBN978-4-7631-3737-1 C2075
ホームページ　http://www.sunmark.co.jp

QRコードでの動画視聴サービスは2020年末までご利用いただける予定ですが、予告なく終了する場合があります。